AF276401

Disfrute gratuitamente **DURANTE UN AÑO** de los eBook y audiolibros de las obras de Editorial Colex*

⊘ Acceda a la página web de la editorial **www.colex.es**

⊘ Identifíquese con su usuario y contraseña. En caso de no disponer de una cuenta regístrese.

⊘ Acceda en el menú de usuario a la pestaña «Mis códigos» e introduzca el que aparece a continuación:

RASCAR PARA VISUALIZAR EL CÓDIGO

⊘ Una vez se valide el código, aparecerá una ventana de confirmación y su eBook y audiolibro estará disponible **durante 1 año desde su activación** en la pestaña «Mis libros» en el menú de usuario.

---

* Los audiolibros están disponibles en las ediciones más recientes de nuestras obras. Se excluyen expresamente las colecciones «Códigos comentados», «Biblioteca digital» y los productos de www.vademecumlegal.es.

No se admitirá la devolución si el código promocional ha sido manipulado y/o utilizado.

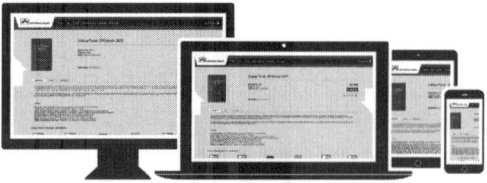

¡Gracias por confiar en nosotros!

La obra que acaba de adquirir incluye de forma gratuita la versión electrónica.

Acceda a nuestra página web para aprovechar todas las funcionalidades de las que dispone en nuestro lector.

Funcionalidades eBook

Acceso desde cualquier dispositivo con conexión a internet

Idéntica visualización a la edición de papel

Navegación intuitiva

Tamaño del texto adaptable

Síguenos en: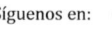

LAS CRISIS DE LAS DEMOCRACIAS REPRESENTATIVAS

PARLAMENTOS, PARTIDOS Y NARRATIVAS EN TENSIÓN

Esta publicación es el resultado de los siguientes proyectos de investigación:
- *Constitución económica y justicia social*, Ayudas para apoyar las actividades de grupos de investigación del sistema universitario vasco, IT IT1768-22, Gobierno Vasco, 2022-2025.
- *Fostering the Importance of Parliamentary Democracy within the European Society.* Jean Monnet Chair 101176734-ERASMUS-JMO-2024-HEI-TCH-RSCH, Comisión Europea, 2024-2027.
- *Gobierno y mercado de la opinión pública digital en la UE*, Proyectos de generación de conocimiento 2024, PID2024-160748NB-I00, Ministerio de Ciencia, Innovación y Universidades, 2025-2029.

Co-funded by the European Union

Financiado por la Unión Europea. Las opiniones y puntos de vista expresados solo comprometen a su(s) autor(es) y no reflejan necesariamente los de la Unión Europea o los de la Agencia Ejecutiva Europea de Educación y Cultura (EACEA). Ni la Unión Europea ni la EACEA pueden ser consideradas responsables de ellos.

LAS CRISIS DE LAS DEMOCRACIAS REPRESENTATIVAS

PARLAMENTOS, PARTIDOS Y NARRATIVAS EN TENSIÓN

Luis I. Gordillo Pérez

Prólogo de Enrique Belda

COLEX 2025

Copyright © 2025

© Luis I. Gordillo Pérez

© Editorial Colex, S.L.
Calle Costa Rica, número 5, 3.º B (local comercial)
A Coruña, C.P. 15004
info@colex.es
www.colex.es

I.S.B.N.: 979-13-7011-360-5
Depósito legal: C 1473-2025
DOI: https://doi.org/10.69592/979-13-7011-360-5

*A Felipe, Nuria y «Felipillo»,
por su siempre desinteresado,
discreto y generoso apoyo
a proyectos educativos,
científicos y sociales*

SUMARIO

CAPÍTULO I

EXPLORANDO EL CONCEPTO DE DEMOCRACIA. DEMOCRACIA, PARTICIPACIÓN Y PARLAMENTO

CAPÍTULO II

LA IMPORTANCIA DE LOS SÍMBOLOS EN EL FUNCIONAMIENTO DE LAS INSTITUCIONES: MITOS Y LEYENDAS

CAPÍTULO III

LOS PARTIDOS POLÍTICOS: ¿DE SOLUCIÓN A PROBLEMA?

CAPÍTULO IV

LAS «LEYES SEMÁNTICAS» COMO NUEVA FUENTE DE «SOFT LAW» PARTICIPATIVO

CAPÍTULO V

VINO NUEVO EN ODRES VIEJOS: PODER, RELATOS Y *«FAKE NEWS»*

EPÍLOGO
DEMOCRACIAS EN CRISIS Y CRISIS DE LAS DEMOCRACIAS

BIBLIOGRAFÍA

PRÓLOGO

La invitación que mi amigo y compañero Luis I. Gordillo me formula para la realización de este prólogo es todo un honor, que seguramente se debe más a que el autor conoce que estoy inmerso en la actualidad en una investigación de temática similar, al hecho de que por estudios precedentes haya tratado el asunto. Mi experiencia al respecto y sobre la materia, hasta ahora que estoy elaborando un libro sobre la crisis institucional en España, se circunscribía al ámbito de la docencia en posgrado. Creo que por ello vamos a movernos en torno a algo distinto a un prólogo, para centrarnos en una convergencia o contraste de opiniones del que, ya adelanto, voy a salir perdiendo cuando me corresponda presentar mis resultados, dada la capacidad analítica, conocimiento y buen juicio del profesor Gordillo (al que desde ya le ofrezco que, posteriormente, él me prologue a mi).

La crisis de la representación política, y de prácticamente todos y cada uno de sus modelos conocidos en nuestro ámbito democrático, es un tema de tanta extensión por el aluvión de escritos al respecto, y lo sostenido en el tiempo por centenares de estudios y posicionamientos, que es imposible tratarlo sin segmentar los temas más relevantes o escogiendo aquellos de más actualidad y proyección en la dinámica institucional. Aquí reside la primera cualidad del libro que van a abordar: tras un sucinto (pero riguroso) capítulo que nos resume las bases doctrinales de la participación en democracia y de sus canales, el autor se arriesga a seleccionar de entre todos los ejemplos de la crisis de la representación aquellos que, a su juicio, se presentan con más frecuencia en nuestras estructuras. Finaliza, tras ello, con una valoración que refuerza desde una perspectiva puramente práctica, soluciones que ha ido desgranando al comentar en cada parte de la obra, los referidos paradigmas de la actual incertidumbre. Es una operación que se solventa con éxito pues es muy complicado desgranar a fondo los síntomas y las manifestaciones de actualidad, por ejemplo, los bulos, sin dar un salto en el vacío desde teorías estructuradas siglos atrás y que el autor utiliza para dar respuestas coherentes.

Confieso que cuando yo me enfrento con este problema de conjugar la extensión temática de los fundamentos que exige abordar la crisis de la representación, con la valoración de sus inacabables manifestaciones del presente, he optado por centrarme en los efectos sobre instituciones y derechos sin desmenuzar, como el profesor Gordillo hace eficazmente, las carencias de cada elemento propuesto. Así, el lector se va a encontrar saciado en su hambre de respuestas, las comparta o no, más que acuciado por la mera descripción de un panorama crítico tan constatable como inevitable (al menos desde soluciones estrictamente jurídicas). Y lo que es más importante, percibiendo que las soluciones que se barajan para cada punto que comenta, parten de arraigadas teorías. En el sumario de la obra pueden ustedes comprobar la mixtura temática y su estructuración por lo que limitarme a presentar cada capítulo sería hacerles perder el tiempo y una falta de respeto al autor, que creo que prefiere que este prólogo aproveche su breve espacio para criticar o corroborar ciertas ideas de cara a suscitar de cada persona lectora muestras del interés y actualidad del producto que se le ofrece.

La primera idea que someto a su consideración al hilo de esta obra, viene derivada de la magnífica ejecución del planteamiento general que a lo largo del primer capítulo realiza el autor, constatando las bases del sistema que, a pesar de todo, disfrutamos (y sin el cual, evidentemente no habría ni modelo que criticar ni posibilidad de hacerlo, ni siquiera a nivel científico): la relación de las decenas de fallos en la dinámica de la democracia representativa actual, reflejada al tiempo de los innumerables planteamientos críticos y revisionistas que sobre ellos se formulan, de manera sostenida e ininterrumpida prácticamente desde el nacimiento del Estado liberal de derecho, hacen necesario proponer la búsqueda de alguna definición que englobe las reflexiones sobre el funcionamiento del Estado. La crisis es tan continua y extendida que su magnitud y cronificación impide aportaciones sistémicas eficaces, pues el tratamiento de cada elemento y las aportaciones que desde el derecho, la ciencia política o lo economía se proponen, quedan de inmediato relativizadas, cuando no superadas, por nuevas llamadas de atención y apelaciones reformistas. Algunos hemos entendido que el hecho mismo de hablar de la crisis del sistema ha entrado en crisis (*crisis de la crisis de la representación política*). Estimo que, sin reconocer previamente la parcialidad de las soluciones que ofrecemos, la frustración siempre estará presente. Desde luego, es un hecho que el derecho no ha sido capaz de someter, ni desde los mejores postulados y propuestas, algunas de las cuales son de la simpatía del autor, la dinámica de funcionamiento impuesta por la ciudadanía, los agentes políticos y las élites económicas. Tampoco parece probable que la comunión de diversas disciplinas desde la ciencia política, la psicología, la antropología o la economía, pueda llegar a colmar nuestros deseos de completitud analítica. Es claro que debemos seguir aportando propuestas de mejora, partiendo principalmente del derecho de cada persona a participar en la cosa pública, otros ciento cincuenta años más, pero no me negarán la elocuencia de que traslademos a la sociedad la perspectiva histórica que retrata un sistema de conformación de actos colectivos prácticamente inasible, indomable incluso para las élites que lo intentan condicionar, y que esta sucesión tormentosa de quiebras estructurales va a seguir presentándose. Por ello, al tiempo que intentamos responder y clasificar la actualidad de acuerdo con los modelos doctrinales (con la precisión y pundonor que el profesor Gordillo lo hace en al primer capítulo, y en varios pasajes de los capítulos siguientes, salvo en el último que se centra en su propia opinión) me parece que habría que recordar que el único límite protector de toda la estructura representativa es el concreto orden constitucional de cada uno de nuestros países. Así, la porosidad de todas las clasificaciones es tan aguda que las categorías parecen ser solo meras tendencias, siendo únicamente las constituciones las que nos indican qué hacer desde el derecho. Llegados a este punto, no obstante, también la respuesta es precaria porque los poderes constituidos, de tanto en tanto, se convierten en resortes inesperados (véase el caso del máximo tribunal de garantías constitucionales de España durante los últimos años, tristemente previsible a corto plazo, pero no siempre emisor de líneas consolidadas, evaluado a largo plazo), razón por la cual sería muy difícil sostener durante cierto tiempo la definición del sistema atendiendo a su funcionamiento.

En la línea de este argumento, el análisis crítico basado en la búsqueda de dinámicas y/o instituciones responsables de los defectos que doctrinal o socialmente se les imputan, incurre a menudo en la ignorancia del proceder ciudadano (el Dr. Gordillo no cae en tal error, como queda claro a lo largo de la obra): ninguna estructura constitucional, ningún aparato jurídico-administrativo, puede cumplir sus fines fundacionales sin la concurrencia del factor humano. Muchos analistas, la propia clase política y, lo que es más grave, extraordinarios y brillantes profesionales del derecho o la sociología, señalan con toda la razón a los protagonistas conocidos y nominalmente reconocibles (a saber, miembros del gobierno, líderes políticos, representantes en el parlamento o cualesquiera cámara representativa), pero olvidan que esa variable humana que falla habitualmente es la debida a la ausencia de implicación ciudadana en la gestión de los asuntos públicos, declinando toda su responsabilidad o cargando (cuando no vendiendo) a otros en el momento del voto, las consecuencias de las decisiones individuales que se van a convertir en actos políticos o normativos. Y paralelamente a todo ello, descuidando la propia formación cívica sin la cual el modelo no funciona (y que tampoco parece erigirse en una preocupación mollar de los poderes públicos dado lo residual de las enseñanzas jurídico-políticas a todos los niveles). El autor ofrece notables muestras y ejemplos entre los que encontramos un común denominador: la presencia de la irracionalidad (que no de la ignorancia) que antepone a las decisiones personales de trascendencia comunitaria criterios sentimentales por encima de los pragmáticos o eficaces.

Me gustaría trasladarles también de manera telegráfica apuntes concordantes con los párrafos anteriores que estoy seguro les llamarán la atención, como a mí, al hilo de la obra del profesor de Deusto:

1. Las ideas de la democracia deliberativa me han parecido siempre el camino más corto para conseguir un voto racional del cuerpo electoral, siendo muy atinada la redacción al respeto de Gordillo, y la cita de Cohen. La discusión informada conjura tanto la deriva sentimental como el voto visceral basado en el odio al supuesto adversario.

2. Los mecanismos de control destinados a atajar riesgos derivados de la democracia representativa de los que nos alertaban entre otros Carré de Malberg o Vedel, no pueden ceñirse a la consagración de un control de constitucionalidad sin los oportunos refuerzos jurídico-constitucionales que requiere un contrapeso de esta índole. La voracidad del avance del hiperliderazgo que reside en las cabezas del poder ejecutivo, no solo relativiza la capacidad de contrarrestar del parlamento, sino también la de todos los órganos constituidos, incluidos los encargados de ese control de adecuación constitucional.

3. La presencia de las élites económicas en las decisiones de poderes y personas me parece aún más intensa de lo que bien fundamenta el autor. Una teoría en torno a la salida de la crisis del sistema debe contemplar como un factor primero esta fuerza del dinero. La injerencia conocida y pacíficamente aceptada de las élites está también presentándose en planos distintos a los que lo hacía en el pasado, como bien nos demuestra el nobel de economía Stiglitz recientemente, desde su tribuna de *ethic*.

4. Disiento de la asociación de determinados modelos electorales, en especial el diseño de circunscripciones y su uninominalidad, con el tipo de liderazgo que genera o con la mejora en la rendición de cuentas al votante, vistos los ejemplos de los *Trumps* y similares. Esta disensión se explica porque tampoco comparto determinadas afirmaciones (del Dr. Gordillo, pero tam-

bién de la mayoría de la doctrina) en torno al predominio de los partidos en la toma de decisiones institucionales: creo que la fuerza del representante político y su protagonismo pasó a la historia cuando la dinámica de los partidos encorsetó la provisión de cargos electivos. Lo que sucede es que la deriva de asunción progresiva de atribuciones que constitucionalmente (desde finales de la I Guerra Mundial) o de facto (en los últimos lustros) protagonizan los gobiernos, está provocando que los partidos sean meros instrumentos de los liderazgos. La persona que vota tiende a establecer una relación directa con el líder que le inspira pasando por encima del representante en las respectivas asambleas y también superando al propio partido canalizador. Así, los caracteres de descripción del comportamiento de las fuerzas políticas que Gordillo comenta citando a LaPalombara y Weiner bien podrían hoy adjudicarse a la persona o personas que lideran un partido, rasgos que además permanecerían de desaparecer la persona jurídica, y que el líder consolidado podría detentar por sí mismo, en muchas ocasiones.

5. La capacidad de influencia de los *think tanks* es difícilmente evaluable y varía de unos países a otros con frecuencia. Las consideraciones sobre su utilidad tampoco parecen probadas.

6. La expresión «laboralización de la política», que encontrarán entre otros en el capítulo quinto, responde a una realidad fáctica y comparto en líneas generales la descripción que se hace del problema. Ahora bien, ese proceder narrado no puede ser alterado por el derecho hasta tanto los votantes, formados e informados, dejen de tolerar dichos comportamientos, que nacen solo y exclusivamente por la dejación de capacidades de estos en decisión mínimas, incluso a veces testimoniales, como puede ser la negación del voto a quien no le convence. Siento decir que la democracia representativa no está herida por los partidos o sus élites: está agredida por cada persona que vota estableciendo una conexión intelectiva

con los líderes y no con ideas o programas sólidos, sustituyendo la elección meditada por una especie de enamoramiento simbólico más típico de los antiguos liderazgos carismáticos.

7. En efecto, como argumenta con acierto el autor en el capítulo VI, puede llegar a ser dramático para democracia la ignorancia de unos mínimos de rigor en torno a la técnica legislativa y a la calidad de las normas, poniendo la ley general al nivel del acto político accidental. De nuevo, el cuerpo electoral parece tener buena parte de responsabilidad cuando opta por la decisión en caliente o la respuesta hiperventilada característica de todos populismos, y no por el producto consolidado y repasado que caracterizaba la obra de los legisladores.

8. Las *fakes news* solo son un mecanismo que permite a la ciudadanía renuente a implicarse activamente en el ejercicio de todos sus derechos, explicar los motivos de su abstención y dejar que un líder (populista declarado o encubierto) asuma la responsabilidad de atajar el problema detrás de la noticia falsa. Siendo grave, no me parece que esta situación sea más perjudicial que cuando antaño, un hecho verdadero se ocultaba por consenso de las élites mediáticas en la era pre-internet, o cuando el poder de cada momento suministraba información errónea a la ciudadanía sin que ninguna voz, ponderada o extrema, pudiera alertar de la falsedad. Ahora hay más *fakes* porque más gente tiene altavoz mientras que hace pocas décadas las *fakes* nacían de los que manejaban medios de comunicación que perseguían una finalidad torcida sugerida por sus élites patrocinadoras. Dicho esto, la vacuna sugerida por el autor frente a ellas, la «triple vírica», al final de su epílogo, es un ejemplo de cómo se puede descender a ofrecer soluciones concretas (aunque parciales o complementarias) desde el derecho, a problemas reales de la participación y la democracia. Suscribo por completo las ideas ofrecidas por el profesor Gordillo.

Una última cuestión: quiero subrayar en el tono de toda esta creación del Dr. Gordillo una neutralidad de análisis que habla bien de su liberalismo vital. Logra materializar una lectura coherente del muy extenso aparato bibliográfico que maneja sin provocar incongruencias en el lector. Me quedo además con el hecho de que en todo el armazón de la obra evita manejar como ejemplos aquellos que se basan en las adscripciones ideológicas propias del s XIX y XX para polarizar, enfrentar y clasificar. Las ideologías han pasado a ser, al menos en el primer cuarto de esta centuria y en países evolucionados, un mero mecanismo identificador de la venta de productos políticos. Antaño fueron palancas de progreso o regreso y ahora solo sirven para satisfacer los intereses de quienes pretenden la venta de un liderazgo concreto, olvidando que el alma de la Constitución, es decir, los derechos y libertades, son el punto de encuentro de todos los que aún creemos en el sistema, sobrando las apelaciones a lo que sí marcaba diferencias en 1930 (pero no hoy). Las ideologías solo han quedado para los críticos del sistema consolidado en nuestro entorno tras la II Guerra Mundial en los márgenes del acuerdo de las mayorías moderadas. Que esos márgenes hoy sean muy amplios a un lado y otro de la página en blanco que todos debemos de escribir, no quiere decir que renunciemos al espacio de centralidad para que en la siguiente hoja podamos conjurar el peligro de quedarnos sin ancho de papel en el que redactar.

Enrique Belda

Catedrático de Derecho constitucional
Universidad de Castilla – La Mancha

INTRODUCCIÓN

En uno de sus famosos discursos ante la Cámara de los Comunes que tuvo lugar el 11 de noviembre de 1947, Winston Churchill exclamó: «la democracia es el peor de todos los sistemas políticos, a excepción de todos los demás». Ciertamente, comenzar la definición de un concepto reconociendo sus debilidades es quizá la mejor prevención a la hora de analizar la democracia. Son muchos los defectos que se pueden señalar en su funcionamiento, casi todos derivados de la naturaleza de quienes la gestionan, pero son también enormes sus virtudes, en tanto que es el sistema que a largo plazo mejor ha garantizado la libertad y la igualdad. La democracia es ese sistema que siempre está en crisis, pero que siempre encuentra la manera de seguir adelante a pesar de las dificultades que se encuentra por el camino. Dentro de este modelo, contamos con una derivación, el de la democracia representativa, aquella en la que se confía a unas instituciones integradas por representantes del pueblo y otras autoridades sometidas a su control la gestión de la cosa pública.

No obstante, desde hace algún tiempo, estamos asistiendo a una cierta contestación, por parte de algunos sectores sociales y políticos, del modelo de la democracia representativa como tal. Esta crítica apela a varios elementos, tales como la lejanía de las instituciones, la obsolescencia del mecanismo representativo o la crítica feroz a los órganos contramayoritarios que irían, dicen los críticos, contra las decisiones mayoritarias aprobadas por los órganos de representación. Los debates son intensos, a veces no muy bien informados, con frecuencia dotados de un contenido sentimental y en la mayoría de las ocasiones poco novedosos, es decir, intentando presentar como grandes descubrimientos, modelos, mecanismos o elementos que ya han sido ideados, puestos en práctica y, muchas veces, fracasados.

En este líquido contexto, este libro, de título ambicioso y cuyo contenido habrá de valorar el lector, analiza algunos de los principales desafíos que enfrentan las modernas democracias representativas, particularmente desde el punto de vista constitucional. No se pretence aquí reelaborar la teoría de la democracia constitucional y la representación ciudadana, pero sí establecer algunas claves que ayuden a identificar los puntos de tensión que padece el sistema representativo actual y su eje fundamental, el parlamento, haciendo especial referencia al caso español.

Para ello, en el capítulo I, se analiza críticamente los modelos democráticos que la doctrina ha ido elaborando, el papel del parlamento y la cuestión de la dicotomía libertad vs. Igualdad. Para ello, se recuperará la teoría de Tocqueville, cuyos postutalados pueden arrojar cierta luz sobre la filosofía que ha de informar el comportamiento de los actores involucrados, que van desde los ciudadanos hasta los representantes, pasando por los integrantes del poder ejecutivo.

A continucación, el capítulo II, versa sobre la importancia de los símbolos en el funcionamiento de las instituciones. Así, se repasarán los papeles de las ceremonias de Estado, el desarrollo de los procesos parlamentarios o el papel clave de la jefatura de Estado en la garantía de la institucionalidad del poder público.

El capítulo III, por su parte, se centra en uno de los protagonistas de las modernas democracias, los partidos políticos. Tras detenerse en la razón de ser de éstos, sus elementos y su régimen jurídico, el texto se centra en las implicacioes que los mecanismos de financiación establecidos tienen en la vida y funcionamiento de los partidos. Quizá las dos novedades fundamentales que se exponen en el texto son, por una parte, las modalidades de *think tanks* existentes en España y su relación con los partidos políticos, y, por otra, el ensayo de un nuevo concepto «la laboralización de la política», la política como un empleo más, desprovisto de la magia del mandato representativo, distinto del concepto-crítica tradicional de «profesionalización de la política».

El capítulo IV reproduce, con algunos añadidos, un trabajo anterior relativo a las denominadas «leyes semánticas», esto es, leyes aprobadas en el parlamento pero que carecen del contenido habitual y tradicional de esta fuente del Derecho. La novedad fundamental que se ha incorporado a esta versión radica en la inclusión de un apartado sobre el coste económico que tiene para un país la ambigüedad normativa que producen leyes de estas características.

Seguidamente, el capítulo V, analiza en el contexto de la teoría del poder, el fenómeno de las *fake news*. De esta manera, se recuperan conceptos de la teoría del Estado a menudo obviados en los análisis constitucionales y relativos a la justificación del poder político, el elemento de autoridad o el papel de la ideología como elemento aglutinador en torno a un proyecto político. Se contextualiza también la explosión de las *fake news* en el contexto de la posverdad y las nuevas narrativas que algunos presentan como un fenómenno novedoso, pero que, como se justifica, obedece a las dinámicas tradicionales del funcionamiento del poder político.

Finalmente, y aunque cada capítulo cuenta con un apartado final conclusivo, en forma de epílogo, se ha elaborado un capítulo final a modo de epílogo global de la obra en el que se reflexiona sobre algunos de los principales retos de los sistemas democráticos que se han ido identificado a lo largo de este trabajo. No son todos los retos, pero sí, quizá, los más acuciantes o, al menos, aquellos que están mereciendo una mayor atención.

El contenido, estilo y estructura de esta obra merece, igualmente alguna aclaración, en tanto que procede de trabajos y reflexiones previas del autor que ha podido enriquecer, contrastar y reajustar a resultas de su experiencia como parlamentario vasco en la XII legislatura (2020-2024). En este sentido, la obra cuenta con cuatro apartados totalmente originales (los capítulos I, III y V, además del Epílogo final), otro que consiste en una reelaboración de varios trabajos anteriores (el capítulo II) y otro más que, aunque incluye alguna novedad (una sección específica dedicada al coste económico de las leyes semánticas), reproduce esencialmente un trabajo anterior, tal y como se indica en la nota aclaratoria del capítulo VI, pero cuyo contenido se ha considerado pertinente incluir en esta obra para dotarla de mayor unidad y coherencia.

Finalmente, este libro es el resultado de los trabajos del autor en diversos proyectos competitivos: el grupo de investigación «Constitución económica y justicia social», financiado por el Gobierno Vasco (2022-2025); la Cátedra Jean Monnet en democracia parlamentaria, financiada por la Comisión Europea (2024-2027), y un recientemente iniciado y ambicioso proyecto titulado «Gobierno y mercado de la opinión pública digital en la UE», financiado por el Ministerio de Ciencia, Innovación y Universidades (2024-2025).

CAPÍTULO I

EXPLORANDO EL CONCEPTO DE DEMOCRACIA. DEMOCRACIA, PARTICIPACIÓN Y PARLAMENTO

1. Los orígenes del modelo

El concepto de democracia ha evolucionado de manera considerable desde que el término fuera acuñado en la Grecia clásica por parte de los defensores del gobierno del pueblo en contraposición al gobierno de la élite, que representaría la aristocracia. Las reformas emprendidas por CLÍSTENES, si bien no acabaron con la división de los ciudadanos en cuatro clases sociales y mantuvo la influencia de las estruturas del poder religioso tradicional, sí que sentaría las bases para establecer las condiciones que permitirían el nacimiento y consolidación de una primitiva democracia. El sistema de representación articulado a través del Consejo de los Quinientos, los poderes otorgados a la Asamblea y, sobre todo, la consolidación de la ley como expresión de la voluntad del pueblo y que vincula a todos por igual fueron medidas todas ellas que permitieron el nacimiento de un nuevo modelo de gobierno. La exclusión de las mujeres del proceso de participación política, la imposibilidad de los extranjeros de participar o integrarse en la vida política, la propia existencia de los esclavos y la exclusión de facto de los menos favorecidos hacen que sea necesario contextualizar adecuadamente lo que supuso este modelo primigenio. No era un modelo que se basara ni persiguiera en absoluto la igualdad social, sino que fue una forma de articular un gobierno a través de un sistema de representación de una élite más numerosa que la primitiva aristocracia y de control de los primitivos órganos de gobierno heredados de las monarquías tradicionales[1].

El término democracia podría calificarse más que de polisémico de líquido, en tanto que existe una multitud de definiciones y de calificaciones de un concepto que, desde sus inicios, ha ido evolucionando o, mejor, ha servido para denominar distintos modelos de gobierno, de representación y, últimamente, de funcionamiento de las instituciones. Hay estudios que han identificado más de dos mil posibles definiciones del concepto y no es sencillo alcanzar un consenso en cuanto a su contenido exacto[2]. Sin embargo, sí es posible identificar una serie de elementos comunes entre los que existe un gran consenso. Así, en la actualidad, la democracia parte de la base de que la soberanía emana del pueblo. El poder público estaría, así, vinculado a la voluntad popular de suerte que un gobierno legítimo solo puede estar basado en el consentimiento explícito. Así, en las democracias actuales, este consentimiento se articula a través de representantes que son elegidos mediante unas elecciones regulares, periódicas, libres y justas, basadas en el sufragio universal y el voto secreto[3].

Los sistemas que se han calificado de democráticos y que han tenido una continuidad en el tiempo poseen todos unas características comunes: una participación política significativa en el marco de un sistema sistema abierto y competitivo de acceso al poder, una adecuada protección de unos derechos fundamentales, la garantía del Estado del Derecho y la presencia de unos sólidos valores democráticos. De

---

1. Sobre el modelo ateniense de democracia, *vide* Mossé, C., *Historia de una democracia: Atenas*, Akal, Madrid, 1987 (traducción de la versión francesa de 1981), especialmente, pp. 25-29, relativo a las reformas de Clístenes.

2. Gagnon, J. P., «2,234 Descriptions of Democracy. An Update to Democracy's Ontological Pluralism», *Democratic Theory*, Vol. 5/1, 2018, pp. 92-113.

3. Venice Commission, *Report on democracy, limitation of mandates and incompatibility of political functions*, Study No. 646/2011, CDL-AD(2012)027, Strasbourg, 17 december 2012, p. 4.

esta manera, cuatro son las áreas clásicas en las que ponen énfasis todos los sistemas que pueden ser calificados como democráticos: participación política, elecciones abiertas y competitivas, derechos fundamentales y garantía del Estado de Derecho[4].

La democracia presupone la existencia de un conjunto de elementos institucionales y jurídicos que aparecen consagrados en los textos constitucionales de los Estados. Así, toda constitución realiza una distribución del poder en sentido horizontal (legislativo, ejecutivo y judicial) y vertical (nivel nacional, regional —en su caso— y local). Este reparto de poderes y competencias para realizar funciones de control, representación, elaboración de normas y participación establece, en el fondo, un sistema de equilibrios y contrapesos que asegura una rendición de cuentas compatible con la existencia de un sistema democrático, ya sea de corte presidencial, semi-presidencial o parlamentario[5].

La primitiva teoría de la representación ya enunciada por Sièyes venía a establecer que, en una democracia, los cargos electos han de ser políticamente responsables ante la nación en su conjunto y, de manera más funcional, ante

---

4.   Steiner, H. J., «Political participation as a human right», *Harvard Human Rights Yearbook*, Vol. 1, 1988, pp. 77-134; Bessón, S., «The human right to democracy. A moral defense with a legal nuance», *Venice Commission*, CDL-UD(2010)003, 4 May 2010, pp. 1-25; Rosenfeld, M., «The rule of law and the legitimacy of constitutional democracy», *Southern California Law Review*, Vol. 74, 2000, pp. 1307-1351.
   Peerenboom, R., «Human rights and rule of law: what's the relationship?», *Georgetown Journal of International Law*, Vol. 36/3, 2005, pp. 809-945.

5.   *Vide* el trabajo seminal de Linz y el debate posterior a que dio lugar. Linz, J., «The Perils of Presidentialism», *Journal of Democracy,* Vol. 1/1, 1970, pp. 51-69; Horowitz, D. L., «Comparing democratic systems», *Journal of Democracy*, Vol. 1/4, 1990, pp. 73-79; Linz, J. J., «Presidents vs. Parliaments: The Virtues of Parliamentarism», *Journal of Democracy*, Vol. 1/4, 1990, pp. 84-91; Lijphart, A., «Los peligros del presidencialismo: Análisis y nuevas reflexiones de Juan Linz», *Revista Chilena de Derecho y Ciencia Política*, Vol. 14/1, 2023, pp. 1-8; Mainwaring, S.; Shugart, M. S., «Juan Linz, Presidentialism, and Democracy: A Critical Appraisal», *Comparative Politics*, Vol. 29/4, 1997, pp. 449-471; Linz, J. J., «Presidential or parliamentary democracy. Does it make a difference?», Linz, J. J.; Valenzuela, A. (Eds.), *The failure of presidential democracy*, The Johns Hopkins University Press, Baltimore, 1994, pp. 3-88.

sus electores[6]. Sin embargo, el protagonismo creciente de los partidos políticos y las dinámicas que éstos han propiciado, unido a las circunstancias propias de cada sociedad, han producido una mutación de facto en la teoría clásica. Así, por un parte, las elecciones pueden ser un mecanismo de rendición de cuentas bastante difuso y la tendencia a la polarización acaba desvirtuando el debate político. Además, los representantes institucionales elegidos en sistemas en los que los ciudadanos votan por listas de candidatos elaboradas por partidos políticos en lugar de representantes individuales tienden a rendir cuentas de manera preferente ante los dirigentes de su partido y sólo de manera más residual ante los ciudadanos. Por otra parte, los cargos de designación rinden cuentas ante quienes los nombran, lo que difumina habitualmente la sensación de responsabilidad ante los ciudadanos[7].

2. Tres versiones versiones o tres elementos del modelo democrático

La politología ha identificado distintas versiones del modelo democrático. Aunque los nombres y matices que la doctrina ha ido estableciendo no facilitan la labor de clasificación, sí es posible aislar tres versiones del sistema: la llamada por algunos «democracia liberal» o «agregativa», la que podríamos denominar como consensual y la deliberativa.

2.1. La democracia liberal clásica

Así, el modelo primigenio de la clásica democracia liberal hacía hincapié en la existencia de un mínimo institucional y jurídico que garantizase la separación y el control recíproco

---

6. Tajadura Tejada, J., *Sieyès y la lengua de la Constitución*, Athenaica, Sevilla, 2023.

7. Gregory, R., «Accountability in Modern Government», Peters, B. G.; Pierre, J., *The SAGE Handbook of Public Administration*, 2nd ed., SAGE, London, 2012, pp. 681-697.
    Olsen, J. P., *Democratic Accountability, Political Order, and Change*, Oxford University Press, Oxford, 2017, especialmente, pp. 128-149.

de poderes coronados por procesos electorales que determinarían la composición de las instituciones representativas. Este modelo proviene en gran medida de la actualización de las teorías de Locke que se centraban en el derecho de propiedad como el más fundamental de los derechos individuales y la necesidad de que la legitimidad del poder surge del consentimiento de los gobernados. La clave del modelo reside en la búsqueda de la igualdad jurídica entre los ciudadanos que ha de extenderse al campo político, de forma que éstos han de tener las mismas oportunidades de formular sus preferencias, hacerlas valer ante el gobierno y el resto de la ciudadanía y, finalmente, las opiniones o preferencias políticas han de ser igualmente válidas, es decir, no han de ser descartadas o discriminadas en función de su procedencia. Estos tres principios básicos se concretarían en una serie de derechos mínimos que autores como Robert Dahl concretaron en ocho: libertad para constituir y de unirse a organizaciones (como partidos, sindicatos o asiciaciones), libertad de expresión, derecho de sufragio activo, derecho de sufragio pasivo, derecho de los líderes políticos de competir abiertamente por apoyos y votos, libertad de acceder a fuentes de información distintas de las proporcinadas por el gobierno, derecho a unas elecciones abiertas y justas y, finalmente, el derecho de controlar la actución del gobierno a través de las elecciones y de otros mecanismos de expresión de la voluntad política. la política gubernamental mediante votos y otras expresiones de preferencia[8]. Este modelo coloca el acento en la justificación y en la legitimidad de las decisiones adoptadas por los órganos representativos. De esta manera, las discusiones en torno a esta gran categoría se han centrado en los mecanismos de conformar decisiones a través de mayorías más o menos coyunturales en los parlamentos y ha dado lugar a lo que se conoce también como democracia «agregativa»[9].

---

8. Dahl, R., *Polyarchy: participation and opposition*, Yale University Press, New Haven, 1971, especialmente, pp. 2-3.

9. Dahl, R., *Democracy and its Critics*, Yale University Press, New Haven, 1989, especialmente, pp. 85-86; Igualmente, *vide* el clásico Schumpeter, J., *Capitalism, Socialism, and Democracy*, Harper & Brothers, New York, 1942.

2.2. La democracia consensual

La crítica de Rawls a la democracia liberal parte, precisamente, de la crítica a este último elemento, el mayoritario. Desde su *Teoría de la Justicia* y, fundamentalmente, tras su impactante trabajo sobre el consenso superpuesto, el profesor de filosofía de Harvard alimentó las discusiones doctrinales introduciendo el elemento ético en la ecuación, atrayendo al debate a quienes, como Dworkin, defienden una comunidad liberal basada en la solidaridad y la integración social[10].

La reelaboración de las teorías de Rawls permitió reconducir también los debates hacia los mecanismos de participación ciudadana, más allá del modelo representativo clásico, para articular el pluralismo de las sociedades avanzadas[11]. En este interesante debate, donde terciaron posturas liberales clásicas (tachadas de «neoliberales» por sus críticos) y propias de planteamientos postmarxistas la cuestión subyacente tiene que ver, en el fondo, con la legitimación de la democracia en una sociedad de masas a través de la inclusión de las preferencias compartidas y consensuadas de la ciudadanía, que se manifiesta permanentemente y a través de distintos mecanismos más allá de un parlamento, en los procesos de definición, ejecución y evaluación de políticas públicas[12]. En este sentido la definición de lo justo y lo ético adquiere una importancia fundamental y se abre el debate sobre los niveles óptimos de intervencionismo público que adquiere su modelo de cabecera en el Estado social europeo[13].

---

10. Dworkin, R., «Liberal Community», *California Law Review*, Vol. 77/3, 1989, pp. 479-504.

11. Rawls, J., *A Theory of Justice,* Belknap Press, Cambridge, 1971, especialmente, pp. 75-83. En 1999, el autor publicaría una versión revisada de su teoría de la justicia. Igualmente, *vide* Rawls, J., *Political Liberalism*, Ed. revisada, Columbia University Press, New York, 2005. Los estudios y análisis sobre la teoría de Rawls son inabarcables, para una muestra, *vide* Richardson, H. S., Weithman, P. J. (Eds.), *The Philosophy of Rawls*, Garland, New Yorkd, 1999, 5 vols.; Freeman, S. (Ed.), *The Cambridge Companion to Rawls*, Cambridge University Press, Cambridge, 2003.

12. Mouffe, Ch., «American liberalism and its critics: Rawls, Taylor, Sandel and Walzer», *Praxis International*, Vol. 8/2, 1988, pp. 193-206.

13. Daniels, N., «Equality of What: Welfare, Resources, or Capabilities?», *Philosophy and Phenomenological Research*, Vol. 50 (Suppl.), 1990,

2.3. La democracia deliberativa

Finalmente, el modelo deliberativo introduce un nuevo elemento en el modelo clásico de la democracia representativa[14]. Recuérdese que para el modelo llamado «agregativo» *(aggregative)* las decisiones son legítimas sólo en el caso de que sean consecuencia de acuerdos de elección colectiva vinculante donde se otorga igual consideración a los intereses de cada persona que acaba estando vinculada por estas decisiones. Sin embargo, según una concepción deliberativa de la democracia, una decisión es legítima sólo en el caso de que surja de acuerdos de elección colectiva vinculante y donde se establezcan unas condiciones óptimas de discusión pública libre e informada de estas decisiones que serán finalmente obligatorias para la ciudadanía. Así pues, en la concepción deliberativa, los ciudadanos se tratan unos a otros como iguales, pero no porque otorguen la misma importancia a sus intereses frente a los de los demás, sino porque se dan razones y se ofrecen justificaciones para el ejercicio del poder colectivo[15].

Es decir, se añade el elemento de la justificación e, incluso, de la persuasión. En este sentido, la democracia no sería sólo una forma de gobierno, sino que constituiría un marco de acuerdos sociales e institucionales que facilitarían la discusión y el razonamiento públicos entre ciudadanos iguales, promoviendo las condiciones para la libre expresión de las ideas, el asociacionismo y la participación y, además, vincularía la legitimidad del ejercicio del poder público a la existencia de esta discusión y este proceso de búsqueda de la razón pública mediante el establecimiento de un sistema que

---

pp. 273-296; Shapiro, D., *Is the welfare state justified?*, Cambridge University Press, Cambridge, 2007.

14. La literatura sobre esta cuestión es inabarcable. Para una excelente selección, *vide* Bohman, J.; Rehg, W., *Deliberative democracy: essays on reason and politics*, Massachusetts Institute of Technology, Cambridge, 1997, con contribuciones de J. Elster, J. Habermas, J. Cohen y J. Rawls, entre otros.

15. Gutmann, A.; Thompson, D., «Deliberative democracy beyond process», *Journal of Political Philosophy*, Vol. 10/2, 2002, pp. 153-174; Kadlec, A.; Friedman, W., «Deliberative democracy and the problem of power», *Journal of Deliberative Democracy*, Vol. 3/1, 2007, pp. 1-26.

asegure la rendición de cuentas del poder público a través de elecciones regulares, abiertas y competitivas, transparencia y control político del gobierno[16].

La clave de todo el modelo estriba en la concepción y en el proceso de conformación de esa «razón pública» de raiz eminentemente kantiana. Algunos han identificado este concepto con una suerte de interés público genérico, otros han hecho más énfasis en el proceso para concretar una opción política o decisión luego de una discusión informada. La lógica de este modelo se basa en que las personas actuamos siempre de manera coherente, con lógica y que estamos abiertas a dejarnos convencer[17]. Asume también que los representantes actúan más o menos con los mismos criterios. Sin embargo, la experiencia demuestra que tanto representantes como representados actúan a veces movidos por otros intereses o, incluso, sentimientos[18].

Es aquí donde resulta de interés incluir la llamada teoría de la elección pública, que analiza los procesos políticos como si de un mercado se tratara, identificando los intereses efectivos de representantes y representados. Así, continuar en el cargo, que se asuma un relato de parte, «fastidiar al vecino» o imponerle una decisión de la que nadie se beneficia objetivamente (sino que puede ser más bien una *vendetta* personal) pueden ser elementos que impulsen a los actores del escenario público a comportarse de una determinada manera que puede no resultar racional sobre el papel[19]. En todo caso, el modelo deliberativo es la concepción dominante y, aunque pueda tener debilidades o elementos conflictivos, es siem-

16. COHEN, J., «Democracy and Liberty», ELSTER, J. (Ed.), *Deliberative Democracy*, Cambridge University Press, Cambridge, 1998, pp. 185-231.

17. CHAMBERS, S., «Rhetoric and the public sphere: Has deliberative democracy abandoned mass democracy?», *Political theory*, Vol. 37/3, 2009, pp. 323-350.

18. YOUNG, I. M., «Activist Challenges to Deliberative Democracy», *Political Theory*, Vol. 29/5, 2001, pp. 670-690.

19. Sobre la teoría de la elección pública se volverá más adelante. En todo caso, *vide* BUCHANAN, J. M.; TULLOCK, G., *The Calculus of Consent: Logical Foundations of Constitutional Democracy*, Ann Arbor Paperbacks, University of Michigan, 1965; MUELLER, D. C., «Public Choice: A Survey», *Journal of Economic Literature*, Vol. 14/2, 1976, pp. 395-433; ROWLEY, C. K. (Ed.), *Public choice theory*, Elgar, Brookfield, 1993 (2 Vols.).

pre el punto de partida que se sigue en cualquier análisis de la democracia representativa[20].

3. Parlamento y participación política

3.1. La doctrina del mandato

La democracia representativa es la forma más extendida de organización política. En su concepción más clásica, se derivaría del concepto de soberanía nacional y, de una manera más general, el sistema representativo descansa sobre el postulado de que el pueblo no puede materialmente ejercer por sí mismo la soberanía y que, por tanto, es necesario confiar a unos representantes la responsabilidad de decidir en nombre del cuerpo político o nación[21].

No se trata de resumir o sintetizar aquí la historia del parlamentarismo, pero sí merece la pena destacar algunos datos a los efectos de los argumentos que se sostienen en este trabajo. Los estudios sobre la historia del parlamentarismo se refieren habitualmente a las asambleas de Esparta y Atenas[22] o las deliberaciones que se desarrollaban entre los líderes de las tribus anglosajonas que poblaron la isla de Gran Bretaña antes de la conquista normanda de 1066, cuyos reyes con-

---

20. DRYZEK, J. S., *Deliberative democracy and beyond: Liberals, critics, contestations*, Oxford University Press, Oxford, 2002; ROSTBØLL, C. F., *Deliberative freedom: Deliberative democracy as critical theory*, State University of New York Press, Albany, 2008, pp. 109-132.

21. Esta cuestión ha sido analizada *in extenso* en GORDILLO PÉREZ, L. I., «Mecanismos de participación ciudadana en perspectiva comparada: elementos para un debate», MORÁN MARTÍN, R. (Dir.), *Participación y exclusión política. Causas, mecanismos y consecuencias,* Tirant, Valencia, 2018, pp. 541-563, donde puede consultarse bibliografía adicional sobre el concepto. Para un análisis específico, *vide* MACEY, J. R., «Representative democracy», *Harvard Journal of Law and Public Policy*, Vol. 16/1, 1993, p. 49 (49-54); URBINATI, N., *Representative democracy: principles and genealogy*, University of Chicago Press, Chicago, 2006, pp. 18-20.

22. RHODES, P. J., «The "Acephalous" Polis?», *Historia: Zeitschrift Für Alte Geschichte*, Vol. 44/2, 1995, pp. 153-167; FLECK, R. K., HANSSEN, F. A., «How Tyranny Paved the Way to Democracy: The Democratic Transition in Ancient Greece», *The Journal of Law & Economics*, Vol. 56/2, 2013, pp. 389-416.

vocaban consejos integrados por funcionarios de la corte, nobles y clérigos en torno a un Gran Consejo de carácter feudal[23]. En nuestro país, destaca la existena de las Cortes de León de 1188 o el corpus documental de los «Decreta de León de 1188» como «el testimonio documental más antiguo del sistema parlamentario europeo», tal y como ha reconocido la UNESCO[24]. Más adelante, se producidía un salto cualitivo en torno al siglo XIII, cundo los nobles no eran ya convocados solo pa dar opinión, sino para discutir entre ellos en torno a la situación del reino. Así, algunos apuntan a que el primer parlamento de estas características tuvo lugar en 1258 y fue conocido como el Mad Parliament. Esta convocatoria fue quizá la primera en la que se empleó el término Parliamentum[25]. La evolución posterior es larga y atribulada, y tiene que ver con la consolidación del moderno Estado y la tensión entre el Rey y la nobleza, junto a la cual aparece una nueva clase social que, como se sabe, ingresa en los parlamentos postmedievales y fuerza la evolución hacia un modelo de representación[26]. Así, el sistema de la representación, basado en el Derecho privado romano, fue parcialmente analizado por los clásicos MONTESQUIEU o SIEYÈS[27]. De esta manera, la Constitución fran-

23.   GNEIST, R., *History of the English Parliament, its growth and development through a thousand years, 800 to 1887*, W. Clowes, London, 1889, pp. 42-121.

24.   SEIJAS VILLADANGOS, E., «The Decreta of Leon (Spain) of 1188 as the Birthplace of Parliamentarism: An Historical Review from a Time of Crisis», *UCD Working Papers in Law, Criminology & Socio-Legal Studies*, Research Paper No. 08/2015, disponible en <http://dx.doi.org/10.2139/ssrn.2627069>

25.   GNEIST, R., *History of the English Parliament, its growth and development through a thousand years, 800 to 1887, op. cit.*, p. 114; JACOB, E. F., «What Were The "Provisions Of Oxford?"», *History*, Vol. 9/35, 1924, pp. 188-200; CARPENTER, D. A., «King, Magnates, and Society: The Personal Rule of King Henry III, 1234-1258», *Speculum*, Vol. 60/1, 1985, pp. 39-70.

26.   GIMÉNEZ MARTÍNEZ, M. A., *Historia del parlamentarismo español*, CEPC, Madrid, 2017; IHALAINEN, P.; ILIE, C.; PALONEN, K. (Eds.), *Parliament and Parliamentarism: A Comparative History of a European Concept*, Berghahn Books, London, 2018.

27.   Sobre MONTESQUIEU, *vide* FLETCHER, F. T., *Montesquieu and English Politics (1750-1800)*, E. Arnold, London, 1939; SPURLIN, P. M., *Montesquieu in America, 1760-1801*, Louisiana State University, Baton Rouge, 1940; CHEVALLIER, J. J., *Los grandes textos políticos. Desde Maquiavelo a nuestros días*, Aguilar, Madrid, 1972, pp. 102-144; SABINE, G. H., *Historia de la teoría política*, 3.ª ed., 6.ª reimpresión, Fondo de Cultura Econó-

cesa de 1791 sería de los primeros textos en consagrar este sistema, aunque atribuiría finalmente la representación de la nación al Rey (figura hereditaria) y a un parlamento elegido por sufragio censitario. No fue sino hasta el siglo XIX cuando se consolidaría definitivamente la democracia representativa gracias a la generalización de la elección de representantes mediante sistemas basados en el sufragio universal[28].

La democracia representativa descansa sobre una noción tomada del Derecho romano y conocida por el Código civil napoleónico: la doctrina del mandato, es decir, el título por el que el pueblo confía a sus representantes el poder de gobernar y de decidir en su nombre. El mandato es, en primer lugar, «representativo», lo que significa que implica que los representantes, una vez elegidos, actúan por ellos mismos definiendo así lo que ellos estiman que constituye el interés y la voluntad de aquellos a quienes representan. Es todo lo contrario del mandato «imperativo», según el cual cada representante debe ceñirse estrictamente a la voluntad de sus electores, quienes, en caso de discrepancia, podrían cesarlo de sus funciones y sustituirlo por otro representante. Además, en segundo lugar, el mandado es «colectivo». En la concepción de la soberanía nacional heredera de la doctrina francesa, el mandato no se confiere por una parte del pueblo sino por la totalidad de la nación. Así, un diputado no representa a los electores de su circunscripción, sino a toda la nación francesa, española o italiana[29].

---

mica, Madrid, 2002, pp. 422-428. Sobre Sieyès, *vide* Chevallier, J. J., *Los grandes textos políticos. Desde Maquiavelo a nuestros días, op. cit.*, pp. 178-189; Sommerer, E., «Le contractualisme révolutionnaire de Sieyès: formation de la nation et prédétermination du pouvoir constituant», *Revue française d'histoire des idées politiques*, núm. 33, 2011, pp. 5-25; Scuccimarra, L., «Généalogie de la nation: Sieyès comme fondateur de la communauté politique», *Revue française d'histoire des idées politiques*, núm. 33, 2011, pp. 27-45; Tyrsenko, A., «L'ordre politique chez Sieyès en l'an III», *Annales historiques de la Révolution française*, n. 319 (janvier-mars), 2000, pp. 27-45.

28. Ésta es la concepción de democracia que, por lo demás, se consolida en el constitucionalismo de la postguerra. Así, *vide*, el artículo 1 de la Constitución italiana de 1947, el artículo 38 de la Ley fundamental de Bonn de 1949 o el artículo 3 de la Constitución francesa de 1958.

29. Favoreu, L. *et allii*, *Droit constitutionnel*, 23.ª ed., Dalloz, Paris, 2021, pp. 765-766.

El principal riesgo de la democracia representativa consiste en que los representantes confisquen el poder del pueblo en su propio beneficio. Es lo que CARRÉ DE MALBERG denomina el «parlamentarismo absoluto» y G. VEDEL «el régimen ultrarrepresentativo»[30]. En este tipo de sistemas, la voluntad de los representantes carecería de límites, lo que conduciría a la soberanía de la ley, que no estaría sujeta a ningún tipo de control. Para evitar esta peligrosa deriva para la democracia, es necesario sujetar el poder de los representantes a normas y principios que tengan fuerza jurídica efectiva, con lo que los ordenamientos basados en el Estado de Derecho han acabado instaurando un sistema eficaz de control de constitucionalidad de las leyes[31].

Es decir, la democracia representativa parte de un sistema en el que se asegura la participación a través de la representación, donde el parlamento juega un importante papel a la hora de ejercer el control político sobre el ejecutivo, pero que también permite otras formas de participación ciudadana que requiere ser analizado para los propósitos de este trabajo.

3.2. La participación convencional y la no convencional

Como consecuencia de lo que se ha adelantado anteriormente, para atemperar el poder de los representantes, las democracias representativas han instaurado ciertos sistemas o vías de participación directa de los ciudadanos en los asuntos públicos. Así, entre las clásicas, y además de la participación en elecciones periódicas, se encontrarían el referéndum, la iniciativa legislativa popular, la participación

---

30. La expresión «parlamentarismo absoluto» aparece en CARRÉ DE MALBERG, R., *La loi, expression de la volonté générale*, Sirey, Paris, 1931, p. 196, donde el autor define el *parlamentarisme absolue* como aquel régimen en el que «el Parlamento, convertido en Señor de todo, domina completamente al ejecutivo». Por su parte, con el término «ultra representativo», VEDEL hace hincapié en «el carácter absoluto que se da a la ficción según la cual la Asamblea expresa totalmente la soberanía nacional» (VEDEL, G., *Manuel élémentaire de Droit Constitutionnel*, Sirey, Paris, 1949, p. 583).

31. FERRERES COMELLA, V., *Justicia constitucional y democracia*, 2.ª ed., CEPC, Madrid, 2007.

en el juicio por jurado, el régimen de concejo abierto (en el caso español) y últimamente el referéndum revocatorio, también llamado revocatoria de mandato[32]. Todas estas vías se incardinarían en lo que se ha dado en llamar la participación política.

Es difícil establecer una definición universal de participación política. Lo que, en todo caso, la mayoría de los mecanismos de participación comparten es que ésta se referiría a aquel conjunto de actividades que tienen como finalidad influir en el poder público o, simplificando los términos, en el propio Estado[33]. De este modo, la participación política sería aquella actividad o actividades llevadas a cabo por los ciudadanos que tienen como finalidad influir en el curso de la acción del poder público, ya sea condicionando la realización o implementación de una política pública determinada (participación directa) o determinando la composición de las instituciones que crean o implementan dichas políticas (participación indirecta)[34].

Por otra parte, se denomina «derechos de participación» o simplemente «participación ciudadana» al conjunto de los derechos que permiten a los ciudadanos implicarse en la

---

32. Estas instituciones son caracterizadas en los numerosos manuales de Derecho constitucional. Así, para una perspectiva general, *vide* Torres del Moral, A., *Principios de Derecho constitucional español*, 6 ed., Vol. I, Ed. Universidad Complutense de Madrid, 2010, pp. 525-548; López Guerra, L. *et allii, Derecho constitucional*, 10.ª ed., Vol. I, Tirant, Valencia, 2016, pp. 299-312; Alzaga Villaamil, O. *et allii, Derecho político español según la Constitución de 1978*, 6.ª ed., Vol. II, Ed. Ramón Areces, Madrid, 2017, pp. 147-168. Para el caso de las especialidades en América Latina (especialmente en lo relativo a la revocatoria de mandato), *vide* Zovatto Garetto, D., «Las instituciones de democracia directa», Nohlen, D. *(et al.)* (Comps.), *Tratado de Derecho electoral comparado de América Latina*, 2.ª edición, Fondo de Cultura Económica, México, 2007, pp. 134-161; Zovatto Garetto, D., «Las instituciones de la democracia directa», *Revista de Derecho Electoral,* núm. 20, 2015, pp. 34-75.

33. Conge, P. J., «Review: The Concept of Political Participation: Toward a Definition», Comparative Politics, Vol. 20/2, 1988, pp. 241-249.

34. Huntington, S. P.; Nelson, J. M., *No Easy Choice: Political Participation in Developing Countries*, Harvard University Press, Cambridge, 1976, p. 3; Verba, S.; Schlozman, K. L.; Brady, H., *Voice and Equality: Civic Voluntarism in American Politics*, Harvard University Press, Cambridge, 1995, p. 38.

vida política en el sentido amplio de la expresión. En los sistemas representativos, los derechos de participación hacen referencia tanto al sufragio (activo y pasivo) como a otro elenco de derechos que permiten a los ciudadanos intervenir en mayor o menor medida en los procedimientos de formación de la voluntad de las instituciones. Así, cabe destacar la clasificación que más éxito ha tenido en la ciencia política y constitucional anglosajona, que distingue entre mecanismos de participación convencional y no convencional[35].

De esta manera, la «participación convencional» se refiere a los modos institucionalizados de acción política que abarcarían desde estar informados sobre la política a discutir sobre ello, pasando por contactar con representantes, trabajar para un partido o tomar parte en cualquier otra actividad relativa al proceso electoral. Por otro lado, la doctrina identificó también vías que contenían una suerte de potencial de protesta y que se referían a formas no convencionales de participación política relativas al empleo de tácticas como recolectar firmas, impulsar o participar en manifestaciones o boicots, negarse a pagar impuestos o alquileres, participar en huelgas de celo, llevar a cabo ocupación de edificios, bloqueo de la circulación del tráfico rodado o llevar a cabo daños a propiedades (sobre todo a mobiliario urbano) e incluso la propia violencia física[36]. Como consecuencia de la distinción entre participación «convencional» y «no convencional», la participación política se definió como todas aquellas actividades voluntarias destinadas a influir, directa o indirectamente, en las decisiones políticas en los diversos niveles de gobierno y centros de adopción de decisiones[37].

---

35. BARNES y KAASE fueron quienes por primera vez establecieron esta separación entre mecanismos convencionales y no convencionales, así BARNES, S. H.; KAASE, M. (Eds.), *Political Action: Mass Participation in Five Western Democracies*, Sage, Beverly Hills, 1979.

36. MARSH, A.; KAASE, M., «Measuring Political Action», BARNES, S. H.; KAASE, M. (eds), *Political Action: Mass Participation in Five Western Democracies*, Sage, Beverly Hills, 1979, pp. 57-97.

37. MARSH, A.; KAASE, M., «Political Action: A Theoretical Perspective», BARNES, S. H.; KAASE, M. (eds), *Political Action: Mass Participation in Five Western Democracies*, Sage, Beverly Hills, 1979, pp. 27-56

En resumen, la participación convencional se refiere a todas aquellas actividades que se desarrollan dentro del marco legal sin poner en entredicho la legitimidad del propio sistema (el sufragio, la vinculación con un partido político o una campaña...), mientras que la participación no convencional englobaría todas aquellas formas de participación de cariz más protestatario que se situarían en los límites de las normas, es decir, buscando casi la ruptura de la legalidad, llegando a cuestionar la propia legitimidad del sistema (manifestaciones, huelgas, acciones más o menos violentas, okupaciones, etc.)[38].

A pesar de la aparente claridad de estas categorías, es conveniente realizar algunos matices. Así, por una parte, los límites de los jurídicamente aceptable pueden variar dependiendo del momento y el lugar (las manifestaciones rara vez se permiten en las dictaduras o pueden ser muy controladas en algunos sistemas con estándares democráticos por debajo de los establecidos en las democracias occidentales, por ejemplo). Por otro lado, en un sistema plenamente democrático, puede haber dirigentes o militantes de partidos políticos que lleven a cabo actividades o prácticas que puedan o no estar prohibidas, en función de la legislación sobre financiación de partidos políticos. Por otra parte, existen países en los que se permite la participación política incluso a las empresas a través de donaciones con escasos límites o mediante la constitución de PACs *(Political Action Committees)*[39]. En todo caso, y a pesar de sus limitaciones, esta distinción ayuda a establecer una divisoria entre aquellos mecanismos de participación plenamente institucionalizados y regulados (convencionales) y aquellos otros que aún no lo están o son claramente anti-sistema (no convencionales).

---

38. *Vide in extenso* BRAUD, P., *Sociologie politique*, 8e ed., LGDJ, Paris, 2006.

39. Sobre esta última cuestión, *vide* GARRETT, R. S., *Super PACs in Federal Elections: Overview and Issues for Congress*, Congressional Research Service, R42042, September 16, 2016, disponible en <https://fas.org/sgp/crs/misc/R42042.pdf>.

3.3. Parlamentos que deciden, parlamentos que influyen y parlamentos que observan

Los distintos sistemas de gobierno que han desarrollado los llamados Estados constitucionales modernos han condicionado igualmente la dimensión representativa y al papel que, en efecto, acaba teniendo el propio parlamento en el entramado político-institucional. Así, desde hace tiempo, los especialistas en ciencias políticas han contrapuesto la naturaleza y funciones de los parlamentos en los sistemas parlamentarios, presidencias y semi-presidenciales. Además, los procesos de tecnocratización de los gobiernos también ha colocado a éstos en una situación de preeminencia sobre las asambleas representativas, lo cual es especialmente visible en los Estados que han desarrollado modelos más intervencionistas y con una amplia carta de servicios de gestión pública[40].

La doctrina que ha profundizado en el análisis de estas cuestiones ha producido diferentes clasificaciones atendiendo a la capacidad efectiva de las asambleas de elaborar y condicionar políticas públicas. Las elaboraciones más influyentes, como las de **Mezey**, **Polsby** o **Norton**, permiten, a su vez, construir una clasificación tripartita de las modalidades de parlamentos existentes en las democracias actuales[41].

Así, la primera de las categorías sería la de los parlamentos que efectivamente llevan a cabo políticas públicas *(policy-making)*. Estos parlamentos tienen una autonomía importante y son muy activos en el impulso y desarrollo de

---

40. *Vide* la recopilación de trabajos en el clásico Linz, J. J.; Valenzuela, A. (Eds.), *The failure of presidential democracy, op. cit.*; Lijphart, A. (Ed.), *Parliamentary Versus Presidential Government*, Oxford University Press, Oxford, 1992. Para una revisión crítica de la literatura en la materia, *vide* Siaroff, A., «Comparative presidencies: The inadequacy of the presidential, semi-presidential and parliamentary distinction», *European Journal of Political Research*, Vol. 42/3, 2003, pp. 287-312.

41. Mezey, M. L., *Comparative Legislatures*, Duke University Press, Durham, 1979; Polsby, N. W., «Legislatures», Greenstein, F. I.; Polsby, N. W. (Eds.), *Handbook of Political Science. Vol. 5 'Governmental institutions and processes'*, Addison-Wesley, Reading, 1975, pp. 257-319; Norton, P., «Parliaments: A framework for analysis», *West European Politics*, Vol. 13/3, 1990, pp. 1-9; Norton, P., *The Impact of Legislatures. A Quarter-Century of The Journal of Legislative Studies*, Routledge, London, 2020.

políticas públicas que, en última instancia, tendrá que desarrollar el ejecutivo. Es el caso del parlamento del sistema presidencial por excelencia, el Congreso de los Estados Unidos, o podría ser el de parlamentos muy fragmentados en los que la necesidad de diálogo constante para lograr consensos básicos los coloque en el escenario ideal para acordar e incluso diseñar futuras acciones de gobierno (ej. Dinamarca o Suiza)[42].

La segunda categoría *(policy-influencing)* es la de aquellos parlamentos que que tienen una cierta influciencia en el diseño de las políticas públicas. La doctrina clásica en la materia les solía atribuir la capacidad de influir mediante la reacción ante las propuestas provenientes del ejecutivo pero que no contaba con una mayoría legislativa afin suficiente como para sacar adelante sus proyectos. Se trataría, pues, de parlamentos en los que existe una cierta fragmentación, aunque hay una fuerza relativamente dominante o una coalición suficientemente compacta pero que necesita de algunos apoyos. Se producen aquí algunas transacciones y cesiones mutuas, pero manteniendo el liderazgo del ejecutivo, al menos en lo que respeta a la propuesta y negociación de las medidas. Es el caso de cualquier parlamento en el que existe una coalición de gobierno o una minoría mayoritaria que ha producido un gobierno que, en todo caso, necesita algunos apoyos para gobernar. Suele ser el caso habitual en los sistemas parlamentarios europeos, especialmente a partir de coaliciones de tres partidos[43].

Finalmente, habría un tercer caso, que sería el de los parlamentos totalmente dominados por el ejecutivo que está integrado por una o varias fuerzas políticas (normalmente dos), que tienen una mayoría absoluta en el parlamento, con lo que éste se convierte en una mera correa de transmisión

---

42. ARTER, D., «Conclusion. Questioning the "Mezey question": An interrogatory framework for the comparative study of legislatures», *The Journal of Legislative Studies*, Vol. 12/3-4, 2006, pp. 462-482.

43. RUSSELL, M.; COWLEY, «The Policy Power of the Westminster Parliament: The "Parliamentary State" and the Empirical Evidence», *Governance*, Vol. 29/1, 2016, pp. 121-137. FONDEVILA MARÓN, M., *Teoría jurídico-política de la oposición. La oposición política en la era de la polarización*, Atelier, Barcelona, 2025.

de las decisiones que han sido adoptadas en otro lugar, como los consejos de ministros o similares e, incluso, los órganos de dirección de los partidos gobernantes. Este es el caso de España cuando ha habido un gobierno monocolor apoyado en una mayoría absoluta parlamentaria o el caso de las coaliciones de las Comunidades Autónomas en las que se alcanza, igualmente, una mayoría absoluta sin necesidad de recabar apoyos adicionales. En este caso, la labor parlamentaria se centra fundamentalmente en el control y se acaban convirtiendo en observadores de la actividad gubernamental[44].

Las anteriores son categorías más o menos puras. En general, los parlamentos se mueven entre la primera y segunda categorías o entre la segunda y la tercera. En un auténtico sistema presidencial, el parlamento está llamado a tener un papel proactivo en el proceso de decisión y en el de diseño de las políticas públicas. También puede llegar a tener este papel en parlamentos muy fragmentados. Sin embargo, cuantos menos partidos integren los apoyos necesarios de un gobierno, menor será la influencia de un parlamento, en tanto que una mayoría garantizada de antemano restará protagonismo al trabajo parlamentario[45].

4. La reivindicación de la democracia liberal de Tocqueville

4.1. La visión *tocquevilliana*

El pensamiento de TOCQUEVILLE refleja la importancia del liberalismo en cuanto intento serio de elevar la personalidad humana desligándola de vínculos feudales y de opre-

---

44. LIJPHART A., *Patterns of Democracy: Government Forms and Performance in Thirty-Six Countries*, 2nd ed., Yale University Press, New Haven, 1999, pp. 105-129; KING A.; CREWE I., The Blunders of Our Governments, Oneworld, London, 2013 (particularmente, el capítulo XXV).

45. Para una visión más matizada, resaltando otras funciones de gran importancia que realiza el parlamento, *vide* RUSSELL, M.; GOVER, D., WOLLTER, K., «Does the Executive Dominate the Westminster Legislative Process?: Six Reasons for Doubt», *Parliamentary Affairs*, Vol. 69/2, 2016, pp. 286-308.

siones intolerables, sobre todo por parte de los absolutistas. TOCQUEVILLE piensa que el proceso democrático igualador es un hecho imparable que había que encauzar. Es decir, había que coordinar democracia (igualdad) y libertad (autogobierno).

El problema que se plantea se puede sintetizar en una pregunta: ¿es posible la libertad (libertades humanas) en las democracias centralizadoras y homogéneas? Como liberal, defiende los derechos fundamentales de la persona, es decir, la libertad, pero como pensador crítico trata de sugerir las necesarias correcciones que hay que introducir en la realidad social para garantizar la libertad. Además, como hombre a caballo entre la aristocracia (su origen), la revolución burguesa y el socialismo, presintió la sociedad de masas, el socialismo extremo, la concentración de poder que lleva al dirigismo, como contrarios a la libertad y dignidad del hombre. Reconoció la igualdad de condiciones, el sufragio universal, la igualdad de oportunidades para todos, la responsabilidad política de los dirigentes, los derechos de las minorías, pero condenó la homogeneidad social, el rencor clasista y la tiranía mayoritaria.

Su método, en definitiva, va en la línea de ARISTÓTELES y MAQUIAVELO: observación empírica de los fenómenos e instituciones políticas. Unos cuantos hechos seleccionados le permiten, tras una intensa reflexión, establecer un conjunto de hipótesis. Las hipótesis tendrán valor metodológico y, además, serán guías para la acción. La filosofía social, la ciencia política y la sociología tienen en TOCQUEVILLE uno de los casos más equilibrados de combinación de la observación directa con la especulación al modo tradicional[46].

El francés es, además, un enamorado de la libertad y trató de descubrir sus raíces sociales. Intentó también garantizar socialmente (creando bases sociales) la libertad, a diferencia de LOCKE y MONTESQUIEU, por ejemplo, que se preocuparon por garantizar políticamente la libertad frente al absolutismo y

---

46.　MEYER, H. D., «Tocqueville's cultural institutionalism: Reconciling collective culture and methodological individualism», *Journal of Classical Sociology*, Vol. 3/2, 2003, 197-220.

las intromisiones del Ejecutivo. Él examinó y expuso las condiciones para que progresase la libertad en la sociedad y lo hizo en una época en la que el Estado, por un lado, se desentendía socialmente y, por otro, amenazaba las bases sociales tradicionales de la libertad con su centralismo y rechazo de los grupos profesionales (complejo antifeudalista). Es decir, influido por **Montesquieu**, quien defendía la necesidad de entender la interdependencia entre los distintos factores de la realidad, **Tocqueville** describió las interrelaciones existentes en la vida social americana y, así, añadió a su análisis consideraciones sobre la libertad de prensa, el temperamento de la clase media, la religión protestante, el sistema federal, el igualitarismo o el sistema de gobierno local[47].

La preocupación original de Tocqueville es política, pero al intentar averiguar aquellas circunstancias que hacen posible la democracia, y cuya naturaleza es las más de las veces extrapolítica, se tiene que adentrar forzosamente en el terreno de la mentalidad, de las convicciones, de los valores económicos, etc.

Su tesis fundamental tiene que ver con el concepto de libertad. Así, la libertad significa obtener un cierto grado de independencia de los hombres entre sí o frente al poder estatal (en cuanto Gobierno, su origen está en la Democracia de Pericles). Su libertad depende de unas garantías sociales, pero no sólo de ellas, sino también de grupos selectos (minorías, élites) encargadas de cumplir el aperitivo de su difusión mediante la instrucción y el buen ejemplo[48].

---

47. Kissam, P. C., «Alexis De Tocquecville and American Constitutional Law: On Democracy, the Majority Will, Individual Rights, Federalism, Religion, Civil Associations, and Originalist Constitutional Theory», *Maine Law Review*, Vol. 59/1, pp. 35-74; Winthrop, D., «Tocqueville on federalism», *Publius: The Journal of Federalism*, Vol. 6/3, 1976, pp. 93-115; Hancock, R. C., «Tocqueville on the good of American federalism», *Publius: The Journal of Federalism*, Vol. 20/2, 1990, pp. 89-108.

48. Gordillo Pérez, L. I. *et allii, Una teoría del Estado constitucional europeo*, Athenaica, Sevilla, 4.ª ed., 2023, especialmente, pp. 198-204; Velasco Criado, D., «Tocqueville (1805-1859), dos siglos después», *Estudios de Deusto*, Vol. 53/1, 2005, pp. 183-250; Velasco Criado, D., «Alexis de Tocqueville y su vigencia hoy», *Pensamiento. Revista de investigación e Información filosófica*, núm. 272 (extraordinario), 2016, pp. 481-504.

4.2. Democracia, igualdad e igualitarismo

Como ya hemos dicho, su gran tema fue el de la relación entre libertad e igualdad en la sociedad democrática. En otras palabras, el Emesa de la libertad en la sociedad liberal era una cuestión de relación entre libertad e igualdad. La democracia, decía, ha abierto el camino a la igualdad, pero por ello mismo ha creado nuevos problemas a la libertad. Para ver cómo lo había tratado de resolver la nueva nación americana se fue a Norteamérica (la disculpa fue conocer el sistema penitenciario). Los EE. UU. fueron fundados sobre una base única en su género: los elementos coloniales que reflejaban las capas disidentes de la sociedad europea. EE. UU. se constituyó democráticamente según principios representativos y con una masa de población refugiada que huía de la intolerancia (religiosa) y la persecución; se trataba de la puesta en marcha de una vasta nación bajo los principios del liberalismo y la Ilustración. El nuevo país constituía un gigantesco experimento para los pueblos europeos, aunque pocos lo conocían con ideas exactas[49].

Democracia, para Tocqueville, no significa sólo forma de Gobierno (de Estado), sino una condición particular de la sociedad, una situación social en la que existe una igualdad general de Derechos y una semejanza de condiciones, pensamientos, sentimientos e ideales. Para Tocqueville esta igualdad general de condiciones se le presenta como hecho totalizador en la medida que da sentido a toda una época, impregnando la vida e instituciones políticas[50].

Esto nos lleva a hacer un análisis más profundo de la doctrina del igualitarismo hecha por Tocqueville. Hay diversos tipos de igualdad: la igualdad jurídica, la igualdad ante la ley, expresión legal de la igualdad moral propuesta por los humanistas renacentistas, heredada a su vez del mundo

---

49. Noll, M. A., «Tocqueville's America, Beaumont's Slavery, and the United States in 1831-32», *American Political Thought*, Vol. 3/2, 2014, pp. 273-302.

50. Richter, M., «Tocqueville and Guizot on democracy: from a type of society to a political regime», *History of European Ideas*, Vol. 30/1, 2004, pp. 61-82.

griego. La igualdad jurídica fue quizá el principal objetivo del primitivo liberalismo. Nuestro autor asume que existe en su época ese mismo afán por mantener la igualdad jurídica, pero añade que el campo del igualitarismo se ha ampliado en la sociedad de EE. UU. al campo de la igualdad material. Es decir, históricamente, los liberales habían intentado crear un sistema en el que predominara una forma de igualdad material: la igualdad de oportunidades. Estos habían supuesto que, para lograr la igualdad de oportunidades, el Estado debía abstenerse de toda interferencia en la vida privada del ciudadano. Tocqueville añade que lo que más caracteriza a la sociedad democrática no es la igualdad jurídica, ni la igualdad de oportunidades, sino la igualdad de condiciones materiales, o mejor dicho la tendencia a la igualdad de condiciones. Así se concibió que la igualdad era inseparable de la libertad, y ambas llegaron a identificarse. Sin embargo, la aportación de Tocqueville consiste en indicar que igualdad y libertad pueden ser en ciertos casos tendencias contrapuestas, que van en sentido contrario. Habría, pues dos tendencias: una es la que lleva a la libertad política, a la independencia, tal como hemos visto que históricamente ocurrió. Tocqueville añadirá que puede llevar incluso al anarquismo. En este sentido el igualitarismo político llevaría a la libertad política. La otra tendencia del igualitarismo es la que lleva hacia la «estandarización» de las situaciones individuales y la homogeneización de las distinciones sociales[51].

Sobre esta cuestión de la estandarización de las situaciones individuales, merece la pena deterse brevemente. Tocqueville, adentrándose en la naturaleza de las modernas masas sociales, distingue entre pueblo y masa. La masa no se compone necesariamente de una muchedumbre reunida en un lugar, sino de una mayoría de hombres solitarios que

---

51. Dannhauser, W. J., «Some thoughts on liberty, equality, and Tocqueville's Democracy in America», *Social Philosophy and Policy*, Vol. 2/1, 1984, pp. 141-160; Jankovic, I., «Das Tocqueville Problem: Individualism and Equality between Democracy in America and Ancient Regime», *Perspectives on Political Science*, Vol. 45/2, 2016, pp. 125-136; Hall, J. A., «Trust in Tocqueville. Policy», *Organisation and Society*, Vol. 5/1, 1992, pp. 16-24.

giran incansablemente en torno a sí mismos, que viven dentro de un hedonismo bajo y que son víctimas de un inmenso inconformismo social. Añade que la sociedad siempre está bajo la presión de dos corrientes generacionales, la una es la fuerza que la lleva hacia la diferenciación (tendencia aristocrática) y la otra la que lleva hacia la igualación (tendencia democrática). Esta última es más irracional y, por ello, prefiere llamarla pasión. El riesgo en este contexto llegaría cuando el individuo de mediocres características en la sociedad moderna se encuentra con que puede usar las instituciones democráticas contra la excelencia y el progreso socioeconómico de su conciudadano. La envidia puede ponerse al servicio de la igualdad material y arrastrar a los hombres de la masa a que ataquen sin piedad lo bueno y lo bello, como si fueran tiranos u oligarcas. En resumen, Tocqueville ve en el igualitarismo dos tendencias generales, una que lleva al aumento de la libertad personal (que reconoce, aprueba y alaba) y otra hacia la creación de un nuevo modo de despotismo, el despotismo de una sociedad dominada por las masas satisfechas e incultas[52].

Lo importante de Tocqueville no es la explicación de la actual masificación y del hombre moderno (hoy en día) solitario y sin originalidad, satisfecho e instalado en u mundo consumista y hedonista (lo que estaba fuera de su alcance de capacidad crítica y de explicación), sino haber descubierto que la democracia liberal e igualitaria encerraba grandes y nuevos peligros para la libertad. Su notable aportación es haber demostrado cómo el hombre originariamente individualista de las nuevas sociedades, especialmente la norteamericana, evolucionaba lentamente hacia un amor excesivo del bienestar, hasta corromper, por reducción, el bienestar mismo; y, cómo también el hombre moderno es víctima, cada vez más, de la opinión social mayoritaria de los demás y la sigue ciegamente, de modo que el individualista que forjó la

---

52. Hebert, L. J., «Individualism and intellectual liberty in Tocqueville and Descartes», *The Journal of Politics,* Vol. 69/2, 2007, pp. 525-537; Zakim, M., «Individualism in America: Alexis de Tocqueville Discovers a New World of Liberal Politics», *Critical Historical Studies*, Vol. 10/1, 2023, pp. 73-107.

revolución liberal corre ahora el riesgo y el peligro de convertirse en un sensualista sin personalidad, en un ser sin ansia ni necesidad de vivir libremente[53].

En síntesis, el igualitarismo para TOCQUEVILLE es un hecho bello y justo, socioeconómicamente condicionado, pero arriesgado, puesto que puede desembocar en el despotismo democrático: la omnipotencia y la tiranía de la mayoría[54].

4.3. La coexistencia de la libertad y de la igualdad

El gran problema al que se enfrenta TOCQUEVILLE consiste en salvar la libertad sin acabar con la igualdad, controlando y dominando la tiranía política y la tiranía social, aquélla que hemos dicho que conduciría a la «mediocrización de la sociedad». Pero el problema de fondo era que esta igualdad general de derechos y semejanza de condiciones acabe con la libertad individual (la libertad de los «liberales»). La solución encontrada para evitar que la igualdad acabe con la libertad la desarrolla a través de su teoría del pluralismo político y social, donde cree encontrar el equilibrio entre ambas. TOCQUEVILLE, parte de la base de que tanto el Estado como la Sociedad deben entenderse de forma plural. Descubrió en la sociedad americana cómo el pluralismo social era el soporte del político y cómo el desmoronamiento del primero significaría el fin inevitable del segundo. Al mismo tiempo, le interesaba investigar los mecanismos por los cuales se mantiene el pluralismo en una sociedad democrática sometida a las tendencias niveladoras y homogeneizadoras de las que hemos hablado[55].

---

53. DROLET, M., *Democracy and Social Reform*, Palgrave Macmillan, London, 2003, pp. 177-201; OSSEWAARDE, R., «Democratic Threats and Threats to Democracy», GEENENS, R.; DE DIJN, A. (Eds.), *Reading Tocqueville*, Palgrave Macmillan, London, 2007, pp. 90-111.

54. ROS CHERTA, J. M., «Dimensiones de la igualdad en el pensamiento de A. de Tocqueville», *Quaderns de Filosofia i ciència*, núm. 41, 2011, pp. 125-136; BORÓN, A. A., «Alexis de Tocqueville y las transformaciones del Estado democrático: una exploración después de siglo y medio», *Revista Mexicana de Sociología*, Vol. 44/4, 1982, pp. 1095-1118.

55. MALETZ, D. J., «Tocqueville on the Society of Liberties», *The Review of politics*, Vol. 63/3, 2001, pp. 461-484.

Según él, esos mecanismos son, en principio, el federalismo y la descentralización. Pero federalismo y descentralización son esquemas políticos, los cuales, por sí solos, no pueden producir los efectos deseados por TOCQUEVILLE. Para que exista un verdadero pluralismo político mediante la descentralización y el federalismo tiene que haber un verdadero pluralismo social, en el que medren toda clase de asociaciones espontáneas, con propósitos diversos (comerciales, religiosos, recreativos, industriales, científicos, artísticos,) y con un alto grado de autonomía y sin injerencia estatal. En tal caso, será creada en la sociedad una capa intermedia entre el Estado y el individuo que protegerá a éste, pues el Estado no podrá manipular al individuo sin tenérselas que ver antes con las asociaciones de las que sea miembro. En una sociedad democrática no hay otra garantía de libertad que la del pluralismo social, el cual presupone, a su vez, el político. Por otra parte, las asociaciones libres son la contracorriente que mantiene la diversidad necesaria en toda sociedad democrática, que mantiene la creatividad y la originalidad personal, que mantiene la libre creación (no sólo un ámbito de libertad que debe respetar el Estado) ante el peligro de ser arrollado por las tendencias homogeneizadoras, falsamente igualitaria, es decir, que igualara en vulgaridad[56].

La idea del pluralismo político basado en el pluralismo de las asociaciones voluntarias de todo tipo es para TOCQUEVILLE todo un programa de acción política. Por ello hay que inculcar en los ciudadanos los hábitos, los usos y la costumbre de la cooperación, de la organización voluntaria, del respeto a la ley y de la confianza en sí mismos, no en el Estado. Esto se lograría a través de dos vías. Por una parte, una élite social debería promover, animar y fomentar esta vida asociativa que sirva para reforzar la independencia del ciudadano frente al Estado. Además, era necesario que este liberalismo fuera fomentado a través de la educación. En definitiva, había, que combatir el centralismo y la creencia de que el Estado es todo-poderoso, heredada del absolutismo ilustrado y revi-

---

56. WOLDRING, H. E., «State and civil society in the political philosophy of Alexis de Tocqueville», *Voluntas: International Journal of Voluntary and Nonprofit Organizations*, Vol. 9, 1998, pp. 363-373.

gorizado por el régimen republicano que surgió de la Revolución francesa. Para **Tocqueville**, el verdadero origen de la situación política, económica y administrativa de su tiempo en Francia no era la corriente revolucionaria de la burguesía, sino el centralismo absolutista y despótico de las monarquías del siglo XVIII[57].

5. Epílogo: Estados «débiles» para democracias deliberativas fuertes

Todas las dictaduras se parecen unas a otras, pero cada democracia lo es a su manera. Todos los sistemas democráticos proclaman poseer un sistema representativo óptimo, pero lo cierto es que algunos fomentan la representación mejor que otros. En este sentido, la calidad de la representación de los intereses de la ciudadanía en la política de un país determinado depende en gran medida del modelo de selección de los representantes públicos y dirigentes de ese país. Los países anglosajones, especialmente EE. UU. y el Reino Unido, que tienen bien muy interiorizado el sentido de la responsabilidad individual en la política, tienen tendencia a crear circunscripciones uninominales, lo que favorece una conexión muy directa de los representantes con los representados. Hasta tal punto esto es así que es muy habitual observar una municipalización de las políticas en el parlamento nacional, en el sentido de que los congresistas estadounidenses suelen llevar problemáticas muy locales a la Cámara de Representantes, dado que les va la reelección, que se produce cada dos años, en ello. Esta situación provoca también dinámicas de negociación altamente complejas en las que muchas veces llega a difuminarse el interés nacional y éste se sustituye por un sumatorio de intereses locales en los que el representante individual tiene gran autonomía y poder de decisión, orillando en gran medida a los directivos del partido

---

57. Blits, J. H., «Tocqueville on democratic education: The problem of public passivity», *Educational Theory,* Vol. 47/1, 1997, pp. 15-30; Edwards, B.; Foley, M. W.; Diani, M. (Eds.), *Beyond Tocqueville: Civil society and the social capital debate in comparative perspective,* University Press of New England, London, 2001.

al que esté adscrito[58]. En EE. UU. se ha llegado a caracterizar una situación peculiar que se denomina «votar con los pies» y hace referencia fundamentalmente a que los electores descontentos con su situación acaban emigrando o cambiando de distrito electoral. Esta situación provoca que los congresistas lleguen a competir por atraer ciertos tipos de población o potenciales electores afines añadiendo un elemento adicional de municipalización a la política nacional[59].

Los Estados que basan su sistema electoral en circunscripciones plurinominales a través de listas cerradas, sin embsargo, tienden a fortalecer las directivas de los partidos en detrimento del diputado individual, que responde ante los órganos del partido y no tanto ante su propio electorado. Esta interposición del partido entre el electorado y el diputado puede contribuir a fortalecer la consolidación de un interés común nacional autónomo que no sea un mero sumatorio de intereses particulares, pero convierte a los representantes en altamente dependientes de sus partidos y el mandato representativo se ve trastornado. De esta manera, el pluralismo político, que es tan importante para consolidar una verdadera democracia deliberativa, se acaba atomizando en torno a las directivas de los partidos que son los auténticos agentes decisorios del sistema democrático de que se trate. Con esto no quiero decir que la circunscripción plurinominal sea en sí misma perniciosa para el sistema, pero las dinámicas del juego político la han convertido en la garantía de la pervivencia de una democracia de (directivas de) partidos. Aquí es donde se observa lo que algunos autores ya identificaron y denunciaron hace tiempo, el peligro de acabar retornando

---

58. Esta es una cuestión clásica en los estudios de ciencia política estadounidense. Para un trabajo más reciente, *vide* HARBRIDGE, L.; MALHOTRA, N., «Electoral Incentives and Partisan Conflict in Congress: Evidence from Survey Experiments», *American Journal of Political Science*, 55/3, 2011, pp. 494-510.

59. ANDERSON, C. J., «The End of Economic Voting? Contingency Dilemmas and the Limits of Democratic Accountability», *Annual Review of Political Science*, Vol. 10/1, 2007, pp. 271-296; OLIVER, J. E.; HA, S. E., «Vote Choice in Suburban Elections», *American Political Science Review*, Vol. 101/3, 2007, pp. 393-408; SOMIN, I., *Free to move: Foot voting, migration, and political freedom*, Oxford University Press, Oxford, 2020.

a un modelo oligárquico representado por las directivas de los partidos[60].

Por otra parte, cabe recordar aquí la distinción entre «Estados fuertes» y «Estados débiles» establecida por la sociología jurídica francesa en función del nivel de control de éstos sobre la vida de sus ciudadanos y, particularmente, en lo que se refiere al aspecto económico. Los Estados fuertes (cuyo ejemplo clásico es Francia) serían aquellos que surgen como contestación radical a un paradigma de organización político-institucional anterior que se resistía a la adaptación de la nueva economía, que poseen un alto nivel de institucionalización política y que tienen una clara tendencia al intervencionismo. Es el modelo en el que se encuentra cómo el llamado «Estado social». Los «Estados débiles» (la Inglaterra de la modernidad o los Países Bajos postmedievales), por su parte, serían aquellos cuya estructura político-institucional mostró una gran flexibilidad y capacidad de adaptación al nuevo sistema económico que no se basaba ya en la sangre o en la propiedad de la tierra, sino en la capacidad de crear un valor añadido en productos manufacturados, esencialmente, aumentando los niveles de eficiencia económica. Estos Estados están menos institucionalizados, responden mejor a un modelo de poder político limitado y descansa mucho en la responsabilidad del individuo[61].

Así pues, recordada esta distinción, podemos concluir que los sistemas de participación «convencional» son propios de los llamados «Estados fuertes» (es decir, aquellos en los que existe una fuerte institucionalización del poder público), mientras que en los llamados «Estados débiles» (aquellos

---

60. OSTROGORSKI, M., *La démocratie et les partis politiques*, Seuil, Paris, 1979, especialmente, p. 46 (la edición original fue publicada en 1902 en inglés y en 1903 en francés). La obra de este autor exiliado de la Rusia zarista a Francia influyó enormemente en el pensamiento de Max WEBER. Así, *vide* DE COOREBYTER, V., «Les partis et la démocratie», *Dossiers du CRISP*, Vol. 64/2, 2005, pp. 9-128.

61. Sobre esta cuestión, BADIE, B., BIRBAUM, P., *Sociologie de l'État*, Grasset, Paris, 2e ed., 1982, reimp. 2004; GORDILLO PÉREZ, L. I., «¿Por qué surge el Estado? Una metodología holística para entender el origen, la función y los retos del poder público», *Pensamiento: Revista de investigación e Información filosófica*, Vol. 72, núm. Extra 272, 2016, pp. 563-591.

con un bajo nivel de institucionalización pero con altos niveles de mecanismos de participación ciudadana a través de otros mecanismos), la participación se suele articular a través de la llamada participación «no convencional» de tipo de agresivo[62].

De la llamada democracia representativa y, en parte, ante la incapacidad de los partidos políticos de proveer candidatos y programas aceptables para la ciudadanía, hemos pasado a un modelo de democracia con tintes más directos que, a veces, peligra de transformarse en un sistema asambleario. Es en estos momentos cuando se echa de menos una vuelta a los postulados *tocquevilianos* en los que se proponga un empoderamiento de la sociedad a través de asociaciones de tipo privado que influyan y determinen las políticas públicas en manos de las instituciones representativas[63].

Las nuevas tecnologías están jugando un papel muy importante en tanto que aseguran una comunicación directa entre los líderes y sus seguidores, reproduciendo modelos asamblearios y que cortocircuitan cualquier estructura representativa. Además, el uso profesionalizado en manos de los llamados «nativos digitales» además de facilitar la rápida movilización de ingentes cantidades de personas está provocando un cierto «efecto-ventrílocuo» en tanto que se usan clones o reproducciones de un mismo perfil digital para aumentar exponencialmente la penetración social de un determinado mensaje. Algunas instituciones han tomado nota y han adoptado herramientas similares con gran éxito (por ejemplo, la famosa cuenta de twitter de la policía nacional española), otras en cambio, corren el riesgo de que su obsolescencia digital devenga en obsolescencia social.

Las nuevas vías de participación que se han analizado (a las que cabría añadir otras más institucionalizadas como

---

62. Sobre la tipología «Estados fuertes» y «Estados débiles», *vide* Birnbaum, P., «La fin de l'État?», *Revue française de science politique*, Vol. 35/6, 1985, pp. 981-998.

63. *Vide* Velasco Criado, D., «Tocqueville (1805-1859), dos siglos después», *op. cit.* y Velasco Criado, D., «Alexis de Tocqueville y su vigencia hoy», *op. cit.*

los presupuestos participativos, comisiones y comités permanentes a los que consultan las autoridades) obligan al Estado y a las instituciones clásicas a reinventarse. Así, por una parte, han de permitir y canalizar estos flujos participativos adaptando su ordenamiento jurídico y su sistema institucional y, por otra, deben promover las condiciones para que no solo los activistas (por definición más nítidos o radicales en sus planteamientos) participen, sino que lo haga el mayor número posible de personas. Esto solo se conseguirá mediante una doble vía: instaurando de mecanismos efectivos y sencillos (a través de las nuevas tecnologías) pero también mediante la concienciación ciudadana, es decir, haciendo que la sociedad sea consciente de que, si no participa para defender o mantener el sistema, otros (seguramente, una minoría mucho más concienciada y compacta) lo harán en su lugar.

Por lo demás, el resurgir de los mecanismos de participación directa en detrimento de los mecanismos propios de la democracia representativa pone en entredicho la propia legitimidad de las instituciones clásicas. En efecto, en un referéndum, por ejemplo, no existe la posibilidad de acordar una decisión que incorpore matices y que aumente el consenso o disminuya el rechazo de una parte importante del electorado. Este redescubrimiento de la participación directica puede ser un síntoma de que en las instituciones representativas (*v.gr.* el parlamento) su composición no se corresponde con las mayorías sociales o, descartado lo anterior, puede deberse a una contestación del propio sistema representativo. Si es lo primero, es corregible a través de una renovación del parlamento, si es lo segundo, merece una contestación no sólo política sino también social y ciudadana. La pedagogía que preconizaba Tocqueville se hace hoy más necesaria que nunca.

En conclusión, podría deducirse aquí una interesante tesis: los Estados débiles producen (o tienden a producir) democracias deliberativas fuertes. Es decir, el modelo de la democracia deliberativa tiene mayor tendencia a consolidarse plenamente en aquellos sistemas democráticos maduros, principalmente entre los que se adscriben a la tipología de

«Estados débiles», que suelen recurrir a las circunscripciones uninominales para elegir su parlamento, que se caracterizan por un alto pluralismo político y social (en el sentido tocquevilliano) y que, en definitiva, han afianzado un auténtico sistema de rendición de cuentas de los representantes políticos ante la ciudadanía.

CAPÍTULO II

LA IMPORTANCIA DE LOS SÍMBOLOS EN EL FUNCIONAMIENTO DE LAS INSTITUCIONES: MITOS Y LEYENDAS[64]

1. Introducción

El Derecho político, la Ciencia Política y sobre todo las teorías liberales siempre han distinguido dos realidades: Estado y Sociedad. Sobre esta dicotomía, ya avanzada por HEGEL, la doctrina se centró siempre explorar si existen dos realidades diferenciadas, si por el contrario ambos conceptos se refieren a la misma realidad o si cabe, de alguna manera, concebir una tercera vía de relación entre ambas. Dejando atrás el desarrollo de los ideólogos del primitivo liberalismo o su contrapunto marxista, lo cierto es que toda la vida social es, por tanto, política, en el sentido de que está relacionada con lo político y, por tanto, con el Estado. Sean dos realidades totalmente distintas o dos elementos profundamente interrelacionados, lo cierto es que, a lo largo de la historia, los líderes han empleado símbolos, elementos o ceremoniales

---

64. Este capítulo se basa en los avances realizados, fundamentalmente, en dos trabajos previos, GORDILLO PÉREZ, L. I., «La estética de los ritos y ceremoniales parlamentarios: Elementos para un debate», GONZÁLEZ HERNÁNDEZ, E. (Dir.); ROSADO VILLAVERDE, C. (Coord.), *Discurso y estética en la democracia española,* Colex, A Coruña, 2022, pp. 229-246; y GORDILLO PÉREZ, L. I., «El Rey como símbolo de la unidad y permanencia del Estado. Elemento simbólico, integrador y legitimador del Estado constitucional», PUNSET BLANCO, R. (Dir.), *La función constitucional del Rey: teoría y práctica*, Reus, Madrid, 2024, pp. 229-250.

para representar la conexión del componente humano con el poder. El poder, que no deja de ser invisible, es la manifestación de la actuación de otra suerte de ficción que vendría a ser el Estado. Es por ello, que la existencia de una representación personal de la comunidad política ha contribuido a asentar la legitimidad del poder y ha facilitado la consolidación de la idea de Estado, al identificarla con lo humano[65].

Así como las asambleas, compuestas por personas, han intentado representar la pluralidad de la sociedad elevándola a la categoría de pluralismo organizado e institucionalizado, la figura que sin duda ha contribuido de manera definitiva a visualizar en el mundo real lo que era una idea ha sido la del rey o, más modernamente, el jefe del Estado, una figura que no se identifica ahora con el ejercicio de un poder político y/o partidista en concreto, sino que ha dado paso a una idea más estática y permanente, que es la de la continuidad y permanencia de esa entidad que es el Estado. El jefe del Estado aparece, así como la interfaz de relación entre la sociedad y el Estado mismo, lo que entronca con las teorías de la integración de Smend, con la construcción del poder neutro que preocupó a Constant y con la consolidación del concepto de *auctoritas* propia del poder moderador del titular de la corona en una monarquía parlamentaria como la española. Todo ello eleva al titular de la jefatura de Estado de España a la categoría de símbolo de la unidad y permanencia del mismo[66].

De esta manera, los símbolos, los ritos e incluso las leyendas y utopías han servido como elemento cimentador de la estructura de poder real de una sociedad determinada, han contribuido a dotarla de estabilidad y ha servido para transmitir el sentimiento de adhesión a un proyecto político en

---

65. Gordillo Pérez, L. I. (Dir.), *Una teoría del Estado constitucional europeo*, 4.ª ed., Athenaica, Sevilla, 2023, especialmente, pp. 35-53. Para un estudio clásico sobre la naturaleza del poder político, *vide* Parsons, T., «On the Concept of Political Power», *Proceedings of the American Philosophical Society*, Vol. 107/3, 1963, pp. 232-262.

66. Belda Pérez-Pedrero, E., «La función simbólica de la Corona democrática: Predominio frente a las funciones arbitral y moderadora», Punset Blanco, R. (Dir.), *La función constitucional del Rey: teoría y práctica*, Reus, Madrid, 2024, pp. 193-228.

sentido amplio. En este capítulo se analizará la importancia de los rituales que rodean a las ceremonias de las instituciones que ejercen el poder y de cuál es su incidencia en los mecanismos de legitimación del mismo que, en el fondo, nos llevan a la cuestión clave: la legitimación del propio Estado[67].

2. La «puesta en escena» del poder

2.1. Los símbolos y el poder: «miranda» y «credenda»

La importancia de los mitos, las utopías y los símbolos en la consolidación del poder político y, en última instancia, del Estado ha sido ampliamente estudiada particularmente por la politología norteamericana. Normalmente, sus análisis se centran en el papel que éstos cumplen en cincelar y asentar, a su vez, una determinada ideología, base de la legitimidad última del poder político[68]. En nuestro análisis, en embargo, y a pesar de mantener parte de esos elementos en la metodología de estudio, nos centraremos más bien en la simbología propia de dos instituciones determinantes y los rituales que les rodean: el parlamento y la jefatura de Estado propia de la monarquía parlamentaria.

El ya clásico Merriam estableció una interesante distinción entre dos categorías de actuaciones para adquirir el poder político: «miranda», que implica recibir elogios de los demás, y «credenda», que supone ganarse la confianza de los demás. Es decir, los llamados «miranda» serían aquellos símbolos básicos que apelan a los sentimientos y a la identificación con el liderazgo político, mientras que los «credenda» contienen las razones que impulsan a la razón a aceptar la autoridad ese liderazgo. Los llamados «miranda» son los sím-

---

67. Sobre la función de los símbolos y su necesaria protección constitucional, *vide* el excelente trabajo Belda Pérez-Pedrero, E., «Elementos simbólicos de la Constitución española: La protección al uso de los símbolos por las personas y las instituciones», *Revista española de derecho constitucional*, núm. 117, 2019, pp. 45-75.

68. Mullins, W. A., «On the Concept of Ideology in Political Science», *The American Political Science Review*, Vol. 66/2, 1972, pp. 498-510.

bolos del sentimiento y la identificación en el mito político. Son aquellos cuya función consiste en suscitar admiración y entusiasmo, exponiendo y fortaleciendo creencias y lealtades. Los «miranda» que poseen un importante elemento de irracionalidad, contribuyen a despertar emociones con la estructura de la sociedad, es decir, ayudan a que la sociedad relativice las posibles injusticias y que no se cuestione el porqué de muchas situaciones y decisiones. Además, contribuyen a aumentar la conciencia de que otros también comparten estas emociones, estableciendo así una dinámica la identificación mutua y proporcionando una base para se conforme una auténtica solidaridad de grupo. En este sentido, las banderas, los himnos, las ceremonias, los actos multitudinarios organizados, los héroes o las leyendas muestran la importancia de esta categoría («miranda») en el proceso de justificación del poder político frente a la ciudadanía de cada momento[69].

Esta división es la que explica la teoría de la autoridad del poder político que se basa en dos componentes, que han de estar siempre presentes, aunque con distintas intensidades en función del momento político: ilusión y eficacia. La ilusión se identifica con la categoría de los «miranda» y la eficacia con los «credenda». Sobre esta cuestión, volveremos más adelante[70].

Entre nosotros, ha sido seguramente GARCÍA-PELAYO quien primero trató la importancia de los símbolos políticos y su papel en los procesos de legitimación de las formas políticas antiguas y modernas[71]. Otros autores posteriores, especialmente, ROLLNERT, han aplicado la misma metodología para destacar el papel del monarca constitucional como sím-

---

69. MERRIAM, C. E., *Political Power*. Collier-Macmillan, New York, 1964 (publicado originalmente en 1934), especialmente, pp. 109-135; LASSWELL, H. D.; KAPLAN, A., *Power and society. A framework for political inquiry*, Routdledge, New York, 2017 (publicado originalmente en 1950), especialmente, pp. 103-141

70. GORDILLO PÉREZ, L. I. (Dir.), *Una teoría del Estado constitucional europeo, op. cit.*, pp. 44-49.

71. GARCÍA-PELAYO, M., *Mitos y símbolos políticos*, Taurus, Madrid, 1964. Publicado igualmente como GARCÍA-PELAYO, M., *Obras Completas*, Vol. I, CEPC, Madrid, 2009, pp. 907-1031.

bolo[72]. En este sentido, quienes han analizado el papel del rey como símbolo han recurrido habitualmente a la doctrina medievalista en la que la fusión religión-poder político o el *saderdotium* y el *imperium*[73]. Es decir, se ha aceptado que el estudio y la comprensión de una institución como la Corona exige tener en cuenta los elementos alegóricos que la rodean y el simbolismo que la acaba definiendo[74].

Un símbolo es una imagen, un objeto, un signo u otro elemento análogo que se emplea para representar otra cosa, normalmente inmaterial, ya sea una idea, un sentimiento, un valor, incluso un comportamiento o similar[75]. Los símbolos pueden desempeñar funciones muy importantes en cualquier sistema político. Tradicionalmente, se han empleado para suscitar lealtades, fomentar la legitimidad, lograr aceptación, contribuir a la integración social al tiempo que se proporcionaba al individuo sentimientos de esperanza seguridad y protección frente a potenciales peligros públicos o privados[76].

Los símbolos se han empleado desde las primeras manifestaciones sociales y han estado siempre presentes en la evolución de la humanidad. Inicialmente, su uso tenía connotaciones más bien religiosas y militares. En la Edad Media se comenzaron a emplear como símbolos de poder en Europa, vinculándolos con personas, familias, lugares o incluso órde-

---

72. ROLLNERT LIERN, G., *La Jefatura del Estado: símbolo e integración política en la constitución vigente*, Minim, Valencia, 2002.

73. Así, KANTOROWICZ, E., *The King's Two Bodies: A Study in Medieval Political Theology*, Princeton University Press, Princeton, 2016 (original de 1957); Igualmente, *vide* SABINE, G. H., *Historia de la teoría política*, 3.ª ed., 6.ª reimp., Fondo de Cultura Económica, México, 2002, pp.167-168, donde se explica la teoría de las dos espadas del Papa Gelasio I en su carta al emperador Anastasio I.

74. DE VEGA, P., «El Rey, Jefe del Estado, símbolo de su unidad y permanencia», VV AA, *La monarquía parlamentaria. Título II de la Constitución*, Congreso de los Diputados, Madrid, 2001, p. 65 (65-86).

75. Para un estudio en profundidad de este concepto que tiene elementos antropológicos, psicológicos, históricos, sociales y culturales, *vide* la reedición del original de 1973 FIRTH, R., *Symbols. Public and Private*, Routledge, Abingdon, 2011, pp. 54-91.

76. Sobre esta cuestión, *in extenso*, *vide* EDELMAN, M., *The symbolic uses of politics*, 2nd ed., Univesity of Illinois Press, Chicago, 1985, especialmente, pp. 1-21.

nes religiosas. Estos símbolos no representaban únicamente la identidad de esas personas, lugares o entidades, sino que iban más allá, aludiendo a los valores característicos de aquellos y estableciendo vínculos de tipo emocional que pretendían suscitar adhesiones a proyectos políticos[77].

Los símbolos que se referían a comunidades o entidades políticas fueron también utilizados por los pueblos antiguos, desde los egipcios hasta los persas, que empleaban anderas, estandartes y elementos similares. Estos símbolos, cuyas primeras manifestaciones los sitúan en Asia, eran de origen espiritual, simbolizaban la conexión entre la comunidad y la divinidad, se colocaban a menudo sobre un poste o mástil y representaban la victoria o la autoafirmación. Igualmente, las banderas parecían tener una finalidad organizativa en los ejércitos de la antigua China que, junto con los anteriores, fueron asimilados por el Imperio Romano que los desarrolló como propios y pasaron a la Edad Media, a veces, influyendo en el desarrollo de simbologías más complejas como los escudos de armas. Posteriormente, surgirían melodías y canciones que, convenientemente moldeadas por parte del poder político constituirían los llamados himnos (nacionales) habitualmente dedicados al líder o a la propia comunidad que se idealizaba así y se convertía en algo cuasi-sagrado[78].

Toda esta simbología era empleada por las élites dominantes, de manera coordinada y a través de una acción colectiva, para suscitar sentimientos de identidad, pertenencia y legitimación del propio poder político. Los símbolos, por sí solos, no suscitan adhesiones inquebrantables a un proyecto, pero sí contribuyen a afianzarlo al establecer una relación basada en ideas, percepciones y representaciones colectivas representadas, en última instancia, por la fuente última del poder,

---

77. Firth, R., *Symbols. Public and Private, op. cit.*, pp. 334-336, centrándose particularmente en las banderas.

78. Sobre esta cuestión, la literatura es abundante. Para un botón de muestra, *vide* Smith, W., *Flags through the ages and across the world*, McGraw-Hill, Maidenhead, 1980; Znamierowski, A., *The World Encyclopedia of Flags. The definitive guide to international flags, banners, standards and ensigns*, Hermes House, London, 2001; Slater, S., *The illustrated book of heraldry: An international history of heraldry and its contemporary uses*, Anness Publishing, Milton Park, 2018.

que ha sido el líder (institucionalizado en la figura del Rey), la comunidad (representada por el concepto de nación) y, últimamente, en la propia Constitución (manifestación jurídica del contrato social)[79].

2.2. El papel de las ceremonias de Estado

Las ceremonias, en sí mismas, representan los cambios que experimentan los símbolos, las transiciones obligadas que se producen y la evolución de los mismos. En todo tiempo y lugar, las sociedades han desarrollado ritos ceremoniales para visualizar y exteriorizar actos de relevancia política o de gobierno. Desde las ceremonias de entronización de un nuevo rey, hasta los nombramientos de ministros pasando por las audiencias en las que se administraba justicia, las sociedades han recurrido siempre a las ceremonias para dar forma externa a actos internos. Así, la palabra latina *ritus* hace referencia a un uso o costumbre aprobado o una práctica externa[80]. En tanto que término adaptado a la realidad del Estado, haría alusión al método por el que se articulan los trabajos, actuaciones y funciones de las instituciones a través de un conjunto de procesos ejecutados con una cierta solemnidad. Por otra parte, hay quien distingue entre ceremonia y ritual. Efectivamente, hay ciertos procesos que tienen una formalidad más o menos fijada y cuyos partícipes actúan en tanto que actores sin apenas margen de maniobra propio (ceremonia), mientras que existen procesos y actuaciones en las que los protagonistas tienen un cierto margen de actuación propia, dentro de un marco general de pautas de comportamiento (ritual)[81].

---

79. Sobre las dinámicas del poder, *vide* Gordillo Pérez, L. I. (Dir.), *Una teoría del Estado constitucional europeo*, 4.ª ed., Athenaica, Sevilla, 2023, pp. 44-49.

80. Vossius lo deriva del griego τριβειν, que significa literalmente «camino trillado» y, metafóricamente, haría referencia a una costumbre inveterada Vossius, G., *Etymologicon linguae Latinae. Praefigitur ejusdem De litterarum permutatione tractatus*, ex Regia Typographia, Nápoles, 1762, p. 602, disponible en <https://archive.org/details/bub_gb_igWSAILghFIC>

81. Sobre esta cuestión, *vide* Rai, S. M., «Analysing Ceremony and Ritual in Parliament», *The Journal of Legislative Studies*, Vol. 16/3, 2010, pp. 284-297, especialmente, p. 288.

Sin embargo, en el fondo, el ritual se ha de adecuar a un ceremonial más o menos establecido, hasta tal punto que ambos conceptos acaban casi fundiéndose en un procedimiento único por lo que en este trabajo emplearemos ambos términos como casi sinónimos, aun reconociendo la diferencia entre ellos. Por otra parte, estos rituales, parten de los usos y costumbres ceremoniales trasladados a las instituciones por las élites y, aunque efectivamente acaban teniendo sustantividad propia, no son ajenos a los cambios de paradigma en el poder hegemónico o, dicho en términos más prosaicos, muestran también las formas y usos de los distintos grupos dominantes en cada momento. Es por ello que estos rituales experimentan cambios o mutaciones propiciados por la estética de las distintas élites que se van sucediendo en la noble tarea de la representación política. La estética se acaba, habitualmente, convirtiendo en un mensaje en sí mismo que la institución de turno proyecta igualmente hacia la sociedad y que transmite un contenido adicional a lo meramente formal[82].

Desde este punto de vista, tres serían las características que definen los rituales y ceremonias propios del Estado. En primer lugar, cabe destacar la intensidad y la rigidez de la regulación de estos procesos decisorios, insertos en las instituciones a través de los cuales los distintos grupos se disputan el poder. De la parte ritualística, cabe destacar que los procesos no surgen de la nada y, con cierta lógica histórico-sociológica, beben en gran parte de los ritos religiosos que han perdurado en el tiempo y que eran tributarios de un tipo específico de sociedad. Las apelaciones a la divinidad, las oraciones previas a las reuniones que se han dado hace no mucho en algunas reuniones ministeriales de países occidentales y la estética cuasi religiosa que acompaña a los jefes del Estado en sus ceremoniales (particularmente a los monarcas) parecen discutir, en ocasiones, la naturaleza laica

---

82. *Vide, in extenso*, Durkheim, E., *Les formes élémentaires de la vie religieuse. Le système totémique en Australie*, PUF, Paris, 2008 (original publicado en 1912); Goffman, E., *Relations in Public: Microstudies of the Public Order*, Basic Books, New York, 1971; Crewe, E., Müller, M. G. (Eds.), *Rituals in Parliaments. Political, Anthropological and Historical Perspectives on Europe and the United States*, Peter Lang, Frankfurt, 2006.

de los Estados modernos. Sin embargo, no se trata tanto de que un ceremonial religioso condicione uno civil, sino de que los elementos ceremoniales que antaño configuraban las ceremonias religiosas y que eran propios del poder dominante en ese momento, se transfieren ahora a los rituales civiles. En todo caso, cuando un componente de estos rituales resulta inapropiado o incomoda a los grupos dominantes, éstos tienen la capacidad de alterarlo, aunque conservando siempre la esencia[83].

Las ceremonias y rituales de las instituciones permiten, en segundo lugar, formalizar relaciones y disponer mecanismos que permitan gestionar las diferencias políticas, evitando una confrontación más directa, dado que todas las partes participarían de una u otra forma, en vías institucionalizadas que permitan reconducir las diferencias y resolver los conflictos a través de mecanismos formalizados[84].

En tercer lugar, los ceremoniales de Estado identifican el poder, las jerarquías y la propia identidad de la comunidad. Así, el acto de toma de posesión de los miembros de un gobierno está siempre precedido por la ceremonia del juramento ante el Jefe del Estado, sobre el volumen de una ley sagrada que represente las creencias morales o las virtudes cívicas de la sociedad, como, por ejemplo, una Biblia o un ejemplar de la Constitución. Históricamente, se trataba de un acto de reconocimiento de fidelidad al monarca y con ello se reafirmaba la supremacía del soberano y se aceptaba la vinculatoriedad de los poderes y decisiones que de él emanaban. En el caso británico, teniendo en cuenta que desde las *Acts of Supremacy* de 1534 y 1558, el rey ostentaba además la jefatura de la iglesia anglicana, con lo que la ceremonia del juramento de lealtad y sometimiento al rey servía, además, para excluir a los seguidores de otras religiones, contribuyendo así a la construcción de una suerte de identidad británica basada en gran medida en una religión

---

83. WIERDSMA, A. I., «The meaning of a state ceremony», *Netherlands Journal of Sociology*, Vol. 23, 1987, pp. 31-44.

84. CREWE, E.; EVANS, P., «The Significance of Rituals in Parliament», LESTON-BANDEIRA, C.; THOMPSON, L. (Eds.), *Exploring Parliament*, Oxford University Press, Oxford, 2018, p. 46 (43-52).

común[85]. Posteriormente, el juramento al rey ha dado paso al acto de juramento o promesa de ejercer el cargo con pleno respeto al ordenamiento jurídico ante el rey. Es decir, se despersonaliza el acto y se pone de manifiesto que el poder ya no emana de un monarca, sino que lo hace del propio ordenamiento jurídico, creado o aceptado, por lo demás, a través de un procedimiento democrático[86].

Para concluir este apartado, puede decirse que los rituales que se desarrollan en el seno de las instituciones del Estado tienen una importancia capital, reconocida por todos los actores de la vida política y el público en general. Igualmente, puede decirse que representan un interfaz de comunicación entre política y ciudadanía, que los acepta como un mecanismo de legitimación última del llamado poder hegemónico. Además, estos rituales y ceremonias imponen ciertas normas de comportamiento a sus actores, lo que, en definitiva, contribuye a la normalización del disenso y están diseñadas también para servir de ejemplo. Es decir, es difícil entender el funcionamiento del Estado sin los rituales y ceremonias que éste lleva aparejado para reforzar su rol político-institucional en la sociedad democrática actual. En suma, la rigidez de las ceremonias contribuye a percibir de manera clara procesos que no lo son en absoluto y permiten que la sociedad pueda normalizar actuaciones «en nombre del Estado», realizadas para lograr el bien común y contribuyendo así a la consolidación de una identidad compartida. El papel del rey resulta crucial en todo el ceremonial del Estado, dado que es el «presidente nato» de todos ellos, ocupa una posición de honor y el acto suele girar en torno a su participación en el mismo[87].

---

85. Neale, J. E., «The Elizabethan Acts of Supremacy and Uniformity», *The English Historical Review*, Vol. 65/256, 1950, pp. 304-332.

86. González Hernández, E., «Juramento y lealtad a la Constitución», *Revista de derecho político*, núm. 60, 2004, pp. 177-236; Ruiz Miguel, A., «Juramento y compromiso parlamentario», *Revista de las Cortes Generales*, núm. 109, 2020, pp. 125-185; Anguita Susi, A., «Del juramento o promesa de acatar la Constitución en el ámbito parlamentario», *Revista de derecho político*, núm. 109, 2020, pp. 329-342.

87. Sánchez González, D. M., «El Protocolo Oficial del Estado 40 años después de la aprobación de la Constitución», *Revista de Derecho Político*, núm. 101, 2018, pp. 881-896; Pulido Polo, M.; Sánchez González, D. M.; Luque Crespo, L., «The representation of the Spanish Crown in the

3. La emergencia de los procesos parlamentarios

3.1. Primeras muestras

El ser humano, desde que se organiza en comunidades más o menos grandes, ha sido espectador o partícipe de las asambleas en las que los líderes o las élites de cada momento, ya fueran los mayores, los guerreros, los sabios o los poderosos del lugar, adoptaban las decisiones que afectaban a toda la comunidad. Los manuales de historia del parlamentarismo citan a menudo las asambleas que, tanto en Esparta como en Atenas, bien que de distinto modo, se realizaban[88].

Aunque los orígenes remotos del parlamentarismo son más difusos, existe cierto consenso en apuntar a las tribus anglosajonas que poblaron la isla de Gran Bretaña como las primeras que, tras la ocupación romana, practicaron reuniones o asambleas organizadas conforme a procedimientos más o menos organizados asimilables a los propios de una cámara deliberativa[89].

Posteriormente, la conquista normanda de 1066 establecería un sistema controlado militarmente por una administración de habla francesa, aunque sobre la base de la

---

public sphere through institutional acts», *Communication & Society*, Vol. 34/2, 2021, pp. 315-332.

88. Para una síntesis de esta evolución, *vide* RoBERT, H. M. *et al.*, *Robert's Rules of Order Newly Revised*, 11th ed., Da Capo Press. Philadelphia, 2011, pp. XXIX-XXXII. Sobre los orígenes griegos, *vide* RHODES, P. J., «The "Acephalous" Polis?», *Historia: Zeitschrift Für Alte Geschichte*, Vol. 44/2, 1995, pp. 153-167; FLECK, R. K., HANSSEN, F. A., «How Tyranny Paved the Way to Democracy: The Democratic Transition in Ancient Greece», *The Journal of Law & Economics*, Vol. 56/2, 2013, pp. 389-416.

89. GNEIST, R., *History of the English Parliament, its growth and development through a thousand years, 800 to 1887,* W. Clowes, London, 1889, pp. 1-41; WRIGHT, T., *The Celt, the Roman, and the Saxon: a history of the early inhabitants of Britain, down to the conversion of the Anglo-Saxons to Christianity, illustrated by the ancient remains brought to light by recent research*, A. Hall, Virtue & co., London, 1852, pp. 432- 451; CARTER, E. H., MEARS, R. A. F., EVANS, D., *A history of Britain. Picts, Celts, Romans & Anglo-Saxons to 1066*, Stacey International, London, 2011.

estructura institucional anglosajona. Así, los reyes norman-
dos convocaban consejos integrados por funcionarios de la
corte, nobles y clérigos en un número variable que tenía que
ver con el tipo de asunto que se iba a discutir. Esta asamblea
era conocida como el Gran Consejo, tenía carácter feudal y
era convocada por el rey para darle consejo[90].

El salto cualitativo se produciría en torno al tránsito del
siglo XIII al XIV cuando los nobles eran ya convocados no solamente para dar su opinión individual al rey, sino para discutir
entre ellos en torno a la situación del reino. Algunos apuntan
a que el primer parlamento con estas características tuvo
lugar en 1258, conocido como el *Mad Parliament*, en cuya
convocatoria el rey ya empleó el término *Parliamentum*[91].

Otro cambio importante se produciría a continuación,
con la inclusión en la asamblea de los representantes de los
condados y de las ciudades y distritos, es decir, se produjo
la inclusión de representantes de las distintas comunidades,
de ahí el término *Commons*, que se consolidaría posteriormente. Aunque hubo algunos precedentes anteriores, se
suele establecer la convocatoria de 1275 como la primera en
la que estuvieron incluidos formalmente y como grupo los
Commons. En un primer momento, se trataba de obtener
su aquiescencia para los temas impositivos, pero enseguida
se convirtieron en un actor permanente de estas asambleas
cualquiera que fuese el tema que se sometía a discusión.
Finalmente, se produciría la separación del parlamento en
dos cámaras o *Houses*, cambio que se fue produciendo poco
a poco y que se completaría durante el reinado de Edward III
(1321-1377), dando lugar a la *House of Lords* y a la *House of
Commons*[92].

---

90. GNEIST, R., *History of the English Parliament, its growth and development through a thousand years, 800 to 1887,* op. cit., pp. 42-121.

91. *Ibídem*, p. 114; JACOB, E. F., «What Were The "Provisions Of Oxford?"»,
History, Vol. 9/35, 1924, pp. 188-200; CARPENTER, D. A., «King, Magnates, and Society: The Personal Rule of King Henry III, 1234-1258», *Speculum*, Vol. 60/1, 1985, pp. 39-70.

92. GNEIST, R., *History of the English Parliament, its growth and development through a thousand years, 800 to 1887,* op. cit., pp. 121-209; BRES-
LOW, B., «London Merchants And The Origins Of The House Of Commons», *Medieval Prosopography*, Vol. 10/2, 1989, pp. 51-80.

El parlamento británico seguiría evolucionando y desarrollando unas normas de procedimiento cada vez más claras y precisas, producto, sin duda, de los períodos de conflicto con el rey, con el propio Consejo Privado o, incluso, como consecuencia del enfrentamiento entre las dos cámaras (Lores y Comunes) y entre las distintas opciones políticas que iban configurando en cada momento ambas asambleas. El resultado es que se desarrollaron una serie de normas, recogidas en distintas compilaciones que se fueron haciendo cada vez más oficiales que, tras los primitivos *Rolls of Parliament* (iniciados en 1278), serían superados por otras recopilaciones como *Journal of the House of Commons* (iniciado en 1547), *De Republica Anglorum* (publicado en 1583), *Lex Parliamentaria* (1689) o *Erskine May* (1844)[93]. Curiosamente, en este ámbito tan particular, el procedimiento parlamentario, el país del *Common Law* y de la constitución no escrita posee unas de las compilaciones y normas más precisas que existen, con abundante casuística, sobre temas parlamentarios.

---

93. Sobre los *Rolls of Parliament*, *vide* STRACHEY, J. (Ed.), *Rotuli parliamentorum : ut et petitiones, et placita in parliamento*, British Parliament, London, 1767-1777 (6 vols.) y ELTON, G., «The early Journals of the house of lords», *The English Historical Review*, Vol. LXXXIX/CCCLII, 1974, pp. 481-512; ELTON, G. R., «The Rolls of Parliament, 1449-1547», *The Historical Journal*, Vol. 22/1, 1979, pp. 1-29. Sobre el *Journal*, *vide* NEALE, J. E., «The Commons' Journals of the Tudor Period: Alexander Prize Essay, 1919», *Transactions of the Royal Historical Society*, Vol. 3, 1920, pp. 136-170; *vide* igualmente una reseña del primer *Journal* en <https://www.parliament.uk/about/living-heritage/evolutionofparliament/parliamentwork/offices-and-ceremonies/collections/clerk-of-the-hoc/first-commons-journal/> y el acceso a toda la colección en <https://publications.parliament.uk/pa/cm/cmjournal.htm>. *Vide* igualmente SMITH, T., *De Republica Anglorum: The Maner of Government or Policie of the Realme of England*, Henrie Midleton, London, 1583 (facsímil disponible parcialmente en <https://archive.org/details/nby_684869> y editado posteriormente por L. ALSTON y publicado en 1906 por Cambridge University Press). Igualmente, *vide* PETYT, G., *Lex parliamentaria: or, A treatise of the law and custom of the Parliaments of England*, Printed for Tim. Goodwin, London, 1689 (a veces se atribuye esta obra a G. PHILIPS) y disponible en < https://ia800302.us.archive.org/29/items/cihm_10815/cihm_10815.pdf>. Finalmente, como se apuntó anteriormente, en la actualidad, el Parlamento británico maneja la 29.ª edición (publicada en 2019) del famoso *Erskine May's treatise on the law, privileges, proceedings and usage of Parliament*, pero la primera edición data de 1844.

De esta primera etapa de formación del parlamento británico, único en su especie y que por eso hemos empleado como modelo ideal de estudio, cabe extraer algunas conclusiones. Por una parte, se observa la importancia que han tenido siempre la nobleza, el clero y los altos funcionarios en la composición de las primeras asambleas. Es por ello por lo que muchos de los elementos de los rituales caballerescos, nobiliarios y eclesiásticos han pasado a los ceremoniales de los parlamentos actuales. Entre los elementos que ahora integran los procesos parlamentarios como tales estarían no solo la importancia del que oficie la presidencia de la cámara, sino el respeto que se suele guardar en el uso de la palabra, la propia configuración espacial de los hemiciclos e incluso la vestimenta de gala del propio personal de las cámaras.

3.2. Del manual de Jefferson a las «Robert's Rules»

A pesar de la larga tradición británica en este aspecto, quizá las dos principales aportaciones en el ceremonial de la discusión asamblearia son el clásico manual de práctica parlamentaria de **Jefferson** y las normas para dirigir reuniones recopiladas en las célebres *Robert's Rules of Order*, originalmente publicadas en 1876[94].

El texto de **Jefferson**, que en tanto que vicepresidente de EE. UU. era el presidente *(Speaker)* ordinario del Senado, relativo a las normas con las que la cámara alta debía conducir sus trabajos fue publicado como *A Manual of Parliamentary Practice for the Use of the Senate of the United States* en 1801[95]. Este manual es considerado el primer libro sobre Derecho parlamentario del país, ha sido fuente del Derecho parlamentario tradicionalmente (suplía las lagunas que los reglamentos internos no cubriesen) y en la actualidad se le

---

94. Para la última versión, *vide* Robert, H. M. *et al.*, *Robert's Rules of Order Newly Revised*, 11th ed., Da Capo Press. Philadelphia, 2011.

95. Esta obra está disponible en abierto a través de la web del Senado de EE UU en <https://www.senate.gov/artandhistory/history/resources/pdf/SDoc103-8.pdf>.

considera una especie de *soft-law* en materia de Derecho parlamentario de EE. UU.[96].

Por lo demás, en el caso de las *Robert's Rules*, se trataría más bien de una deconstrucción de las normas parlamentarias del parlamento estadounidense y de las contenidas en el Manual de JEFFERSON para usarlas en cualquier tipo de reunión de una asamblea no legislativa, expandiendo estos principios hasta tal punto que han sido asimilados por casi todas las asambleas asociativas y cuerpos deliberantes en EE UU. Igualmente, el paralelismo entre los reglamentos parlamentarios, el *Manual* de JEFFERSON y las *Robert's Rules* es tal, que éstas últimas se han tomado como referencia a la hora de analizar las posibles soluciones frente a vacíos normativos del propio reglamento oficial[97].

3.3. Parlamentarismo y organizaciones sociales

En otro orden de cosas, y según cuenta la literatura de la materia, el funcionamiento interno de las reuniones de las instituciones o sociedades que se definen como fraternidades/hermandades, que son particularmente activas en el mundo anglosajón, se asemejan bastante al modo de discurrir de sus propios parlamentos[98]. No hay que pensar solamente en las hermandades de tipo universitario y cuya existencia es conocida a través del cine y las series de televisión. Existen otras instituciones, mucho más asentadas en las sociedades anglo-

---

96. HOWELL, W. S. (Ed.), *Jefferson's Parliamentary Writings: Parliamentary Pocket-Book and A Manual of Parliamentary Practice*, 2nd ed., Princeton University Press, Princeton, 1988, especialmente, pp. 339-352.

97. GOLD, M. B.; GUPTA, D., «The Constitutional Option to Change Senate Rules and Procedures: A Majoritarian Means to Overcome the Filibuster», *Harvard Journal of Law & Public Policy*, Vol. 28/1, 2004, pp. 205-272.

98. WALLACE, W. L., «Faculty and Fraternities: Organizational Influences on Student Achievement», *Administrative Science Quarterly*, Vol. 11/4, 1967, pp. 643-670. Igualmente, para analizar los principios del funcionamiento interno de distintos cuerpos masónicos *vide* SICKELS, D.; GOULD, J. L.; SHEVILLE, J. W.; SIMONS, J., CHASE, JACKSON H., *Rituals of freemasonry: comprising the degrees of Entered apprentice, Fellow craft, and Master mason, in the lodge, Masonic publishing company*, New York, 1870.

sajonas, que responden también al modelo de sociedades más o menos iniciáticas basadas en un elemento de vinculación de tipo fraternal que persigue el perfeccionamiento ético del individuo. En este sentido, tenemos la organización de los Scouts o los cuerpos masónicos. Esta última fraternidad, la masonería, ha influido de manera determinante en el devenir de las sociedades estadounidense y británica, entre otras[99].

En todo caso, no se pretende aquí establecer si el *Manual* de **Jefferson** o las *Robert's Rules* estaban inspiradas por principios propios de la masonería, sino que, más modestamente, se pretende apuntar el paralelismo actual entre éstas y los principios que regulan el trabajo interno de las logias, en tanto que la influencia podría haber sido la contraria, es decir, que estos códigos norteamericanos hayan determinado e influido en cierta manera en las unidades básicas de las obediencias masónicas[100].

Esta hipótesis podría sostenerse con un indicio adicional. Así, en su libro *Masonic Parliamentary Law*, publicado en 1875, el conocido especialista en masonería Albert G. **Mackey** cita ampliamente a **Jefferson** cuando establece los principios que deben guiar las reuniones de logias, capítulos, consejos y otros cuerpos masónicos. Este autor (A. **Mackey**) y su obra tuvieron una influencia determinante en la institucionalización de los cuerpos masónicos en EE. UU. y, a través de ellos, en los de otros países. El principio fundamental que guía esta obra de Derecho parlamentario masónico consiste en que hay elementos e importantes similitudes entre las normas parlamentarias ordinarias o las que regulan las aso-

---

99. De Keghel, A.; de Hoyos, A.; Jacob, M. C., *American Freemasonry: Its Revolutionary History and Challenging Future*, Inner Traditions, Rochester, 2017; Weisberger, R. W., *Speculative Freemasonry and the Enlightenment: A Study of the Craft in London, Paris, Prague, Vienna and Philadelphia*, 2nd ed., McFarland, Jefferson (North Carolina), 2017; Péter, R. (Ed.), *British Freemasonry, 1717-1813*, Routledge, London, 2005 (5 vols.); Hackett, D. G., *That Religion in Which All Men Agree: freemasonry in American culture*, University of California Press, Berkeley, 2014.

100. Esta cuestión se ha tratado algo más en profundidad en Gordillo Pérez, L. I., «Masonería y constitucionalismo», VV AA., *El REAA y los valores humanos*, Ed. Supremo Consejo/Academia de Estudios Masónicos, Madrid, 2018, pp. 19-40.

ciaciones civiles y las que gobiernan los cuerpos masónicos, pero que éstos últimos tienen, evidentemente, singularidades específicas (así fue como MACKEY justificó la necesidad de escribir aquel libro)[101].

En conclusión, más fácil resulta sostener la tesis de que los principios del funcionamiento interno del parlamento británico hayan influido, en paralelo, tanto en la configuración de las reglas internas de las logias (en el rito de emulación, que es el general en Isla), como, a su vez, en las normas que los estadounidenses desarrollaron para su propio parlamento y que, como consecuencia de su secularización (a través de las *Robert's Rules*, por ejemplo) y con la inestimable ayuda de obras como la de A. MACKEY, acabasen influyendo por igual en el funcionamiento de las logias de EE UU y otras que imiten sus procesos internos. De todas formas, sea cual fuere la dirección de la influencia, lo cierto es que existen principios y procesos similares que contribuyen a armonizar un cierto mínimo común en el ceremonial de las asambleas parlamentarias y de las sociedades que se definen como iniciáticas, lo cual permite deducir que existe una estética común de los procesos de discusión formalizados en el seno de instituciones públicas y privadas.

4. El papel de la jefatura de Estado

4.1. Perfilando los elementos de la autoridad del Jefe del Estado

Entre las características que Aristóteles asignaba a la *politeia* en tanto que comunidad política suprema e ideal había dos características adicionales que resultan de especial interés para los propósitos de este trabajo. Así, para el filósofo griego el «Estado» era una comunidad de valores

---

101. MACKEY, A. G., *Masonic parliamentary law: or, Parliamentary law applied to the government of masonic bodies. A guide for the transaction of business in lodges, chapters, councils, and commanderies*, Moss & Company, Philadelphia, 1875, pp. 92, 94, 97, 165, 210.

compartidos y que posee una cultura propia[102]. Estos valores se realizan, a su vez, en la forma política ideal que era la *polis* griega e inspira una cultura común que permite conformar un sistema de creencias que ayuda a explicar y reconducir el conflicto, el consenso y la cohesión. En este sentido, los poderes que pugnan por el liderazgo hegemónico fomentan una serie de interacciones sociales que, finalmente, son armonizadas y ordenadas a través del Estado, resolviendo los conflictos entre poderes de manera institucionalizada[103].

Y en esta labor, resulta de especial interés el concepto de autoridad. En esencia, en toda sociedad se producen relaciones de poder que pueden reconducirse a dos categorías: el poder de coerción y el consenso. La diferencia entre ambos es el proyecto de la estructura del poder, que resulta compartido en el caso del poder de consenso e impuesto en el caso de la coerción. La clave de la legitimidad del poder, por tanto, se encuentra en su habilidad para lograr la creencia sobre su derecho a dominar, para logar el consentimiento, para ser legítimo. La autoridad es lo que permite pasar de una situación de coerción a una situación de consenso. La mayoría de las situaciones de sujeción a un poder combinan los dos elementos (coerción y consenso), pero la autoridad es lo que permite superar la ambigüedad y pasar a una situación presidida mayoritariamente por el consenso. En este sentido, el poder será un poder con autoridad si cumple dos condiciones: ser razonado y razonable. Estamos en una situación de poder razonado, si la autoridad política explica, argumenta y justifica sus decisiones. Será, además, razonable, si esas explicaciones, argumentos y justificaciones están basados en las creencias compartidas por la mayoría. La legitimidad última del poder público y, por ende, del Estado radica en la creencia, por parte de la ciudadanía, de que el proyecto polí-

---

102. Sobre la teoría de Aristóteles, *vide* la versión del clásico publicada como Aristóteles, *Política*, 7.ª edición, CEPC, Madrid, 2024 (traducción de Julián Marías y María Araújo, introducción y notas de Julián Marías). Igualmente, *vide* Sabine, G. H., *Historia de la teoría política*, *op. cit.*, pp. 91-115.

103. Jouvenel, B., *El poder*, Editora Nacional, Madrid, 1974; Lasswell, H., *La política como reparto de influencia*, Aguilar, Madrid, 1974.

tico que en cada momento gestiona un grupo de poder, o una mayoría parlamentaria, es razonada y es razonable[104].

Esos grupos de poder o mayorías que la doctrina clásica ha denominado tradicionalmente los poderes hegemónicos son aquellos que van suscitando seguidores y adhesiones a sus proyectos políticos a través de la persuasión y de dar razones de los beneficios de sus proyectos hasta llegar a ser mayoritarios y resultar, por tanto, razonables. El tránsito de unos proyectos a otros, es decir, el proceso de adquisición y pérdida de ese poder hegemónico y su sustitución por otro grupo se produce por la acumulación de dos situaciones, que son la ilusión y la confianza. La ilusión es una cualidad en el fondo sentimental, surge cuando un grupo de poder es visto como representante ideal de la comunidad y aparece rodeado de procesos de cierta euforia y encantamiento colectivos. La confianza, por su parte, consiste en la promesa de resultados que hace el poder hegemónico y que tiene que ir cumpliendo o, al menos, la ciudadanía ha de tener la sensación de que lo está haciendo. En unos primeros momentos, los poderes hegemónicos tienen más proporción de ilusión que de eficacia y, a largo plazo, van ganando en la segunda, hasta que puedan ser superados por otro nuevo actor[105].

En este contexto, no se trata ahora tanto de teorizar sobre el concepto de *auctoritas* en relación con su contrapunto de la *potestas*[106]. En cambio, resulta de interés analizar el papel del Jefe del Estado de un sistema parlamentario, especialmente de un monarca, en relación con la legitimación misma del poder del Estado y de revisar su rol en los procesos de adquisición y pérdida del poder hegemónico por parte de distintos grupos políticos que, por simplificar,

---

104. Gordillo Pérez, L. I. (Dir.), *Una teoría del Estado constitucional europeo, op. cit.*, pp. 44-46.

105. *Ibidem*, pp. 46-49. Sobre el papel de los intelectuales en los procesos de adquisición del poder hegemónico, *vide* Alberoni, F., *Movimiento e Institución. Teoría General*, Editora Nacional, Madrid, 1984.

106. En todo caso, *vide* Morales Fabero, J., «Los conceptos de auctoritas y potestas durante la época moderna», *Bajo Palabra*, núm. 24, 2020, pp. 337-358.

podemos identificar con mayorías parlamentarias más o menos compactas[107].

4.2. El punto de unión entre sociedad y Estado

En este primer caso, es decir, en esa labor de legitimación del poder que todo Estado debe vigilar e impulsar constantemente para ser un poder razonado y razonable, la labor del monarca parlamentario es particularmente importante, delicada y, a la vez, difusa. Ha ser capaz de encarnar al mismo tiempo los valores ideales con los que se identifica la sociedad, sin desdeñar los contingentes que interesen a la mayoría social del momento. La ciudadanía ha de percibirlo, siquiera subliminalmente, como la representación ideal del proyecto político (que no partidista) que supone el Estado. En nuestro caso, un Estado social y democrático de Derecho, comprometido con los derechos fundamentales y las libertades públicas, políticamente descentralizado e internacionalmente activo a través de su participación en diversas organizaciones de cooperación e integración, gobernado a través de un sistema institucional propio de una democracia representativa que opta por una monarquía parlamentaria y que aspira a tener un papel relevante en la definición e implementación del proyecto europeo así como un compromiso firme con las naciones de su comunidad histórica[108].

Para lograr este fin, es necesario que el Rey esté activamente informado de los asuntos de Estado, que tenga una relación fluida con los titulares de los órganos constitucionales, que ejerza la alta representación del país y que esté al tanto de los cambios políticos y sociales que se producen en el país. Todo ello le ha de exigir una importante presencia institucional y social que se ha de traducir en una intensa agenda diaria, que le permita estar en contacto y transmitir la idea de

---

107. Belda Pérez-Pedrero, E., «La corona simbólica de hoy (y de mañana, con ciertas reformas)», *Teoría y derecho: revista de pensamiento jurídico*, núm. 35, 2023, pp. 28-47.

108. Sobre esta cuestión, *in extenso, vide* González Hernández, E.; Rubio Núñez, R.; Pendás García, B. (Dir.), *España constitucional (1978-2018)*, *op. cit.*

que los valores que el Estado encarna se hacen presentes en el día a día del ciudadano a través de su intermediación. Por ello es importante que la Corona esté presente en los actos institucionales e incluso sociales que contribuyen a definir la *Weltanschauung* o concepción del mundo que cristaliza en toda sociedad[109].

Se trata, pues de que la jefatura de Estado de la monarquía parlamentaria se presente como el punto ideal de conexión entre la sociedad y el Estado. La diferencia con la actuación de las monarquías limitadas o constitucionales propias de una época inmediatamente anterior radicarían, precisamente, en la necesidad de fomentar los cauces de relación y comunicación con la sociedad. Esto es algo que las monarquías han interiorizado con normalidad tradicionalmente. Así, en el caso de la monarquía británica es habitual su presencia en instituciones de tipo privado pero que contribuyen a cincelar la propia identidad nacional, como entidades caritativas, culturales y sociales[110].

Es decir, en estos momentos resulta de gran interés mantener una fuerte presencia social, un exquisito cuidado de la comunicación institucional y desarrollar un constante interés por los desafíos a corto, medio y largo plazo que enfrenta la sociedad. No se trata tanto de que la Corona haga de intermediario entre la sociedad y las otras instituciones, lo cual pervertiría su propia naturaleza y la colocaría en una posición a medio plazo inasumible y ajena al diseño constitucional, sino que lo importante es que la jefatura de Estado, asumiendo la pluralidad existente en la sociedad y sus preocupaciones, intereses y anhelos sea capaz, a su vez, de representar los que resulten mayoritarios y comúnmente compartidos. De esta manera, la Corona contribuirá a la legitimación misma del Estado constitucional, cuyo proyecto, informado por los

---

109. En este sentido, resultan de interés las aportaciones contenidas en la obra Hazell, R.; Morris, B. (Eds.), *The role of monarchy in modern democracies. European Monarchies Compared*, Hart, Oxford, 2020, especialmente, pp. 213-265.

110. Williamson, P., «The Monarchy and public values 1900-1953», Olechnowicz, A. (Ed.), *The Monarchy and the British Nation, 1780 to the Present*, Cambridge University Press, 2007, pp. 223-257.

valores comúnmente aceptados en la sociedad sean, efectivamente, los mayoritarios. Así es como una monarquía parlamentaria contribuye a definir y a asentar la propia identidad nacional, algo que permanece más allá de los distintos proyectos políticos coyunturales.

4.3. La garantía de la institucionalidad

Por otro lado, en relación con los procesos de adquisición y pérdida del poder hegemónico por parte de los grupos políticos que se disputan el poder, el Jefe del Estado de una monarquía parlamentaria cumple, si cabe, un papel más relevante en el largo plazo. Una característica que suele definir a las monarquías parlamentarias es su estabilidad o, dicho en otros términos, su contribución a la estabilidad institucional en el largo plazo. Así, como se ha desarrollado en otro lugar, la monarquía británica constituye el hilo conductor de la historia y de la evolución constitucional de un Estado que destaca por su complejidad, particularismos y especialidades como es el Reino Unido. Este país, con una pequeña excepción en su larga historia, se ha caracterizado siempre por haber evolucionado sin grandes rupturas constitucionales, sino más bien, adaptándose progresivamente a las nuevas circunstancias económicas, a los nuevos poderes sociales y a las nuevas realidades jurídicas. Y, en este proceso, la Corona ha sido actor, promotor y espectador de estos procesos, de suerte que la propia monarquía se ha erigido en uno de los elementos que contribuyen a conformar la identidad británica como tal[111].

En el caso español, si bien no puede decirse que la Corona haya tenido el mismo papel que tradicionalmente ha ejercido su homóloga británica, sí que puede defenderse que su papel para preservar la unidad y la permanencia del Estado ha de ser precisamente el de contribuir simbólica e institucionalmente a que los procesos de cambio de un poder hegemónico a otro o transiciones sociales se realice sin rupturas institucionales, adaptándose a las nuevos tiempos y realidades,

---

111. Panton, K. J., *Historical Dictionary of the British Monarchy*, Scarecrow Press, Lanhma, 2011.

pero siempre desde la institucionalidad. Ése es, en definitiva, el papel que ha de cumplir la Corona en España.

5. Epílogo

Las reuniones de asambleas formalizadas, ya sean parlamentarias o incluso de instituciones con fuerte arraigo en la sociedad, poseen una estética propia que nos lleva a identificar la existencia de unos elementos comunes e incluso una suerte de mínimo común normativo de las reglas que gestionan este tipo de asambleas. No solo desde el punto de vista de las normas procedimentales, sino también a las de tipo más ceremonial, e incluso a las propias de la estética personal de los participantes en las mismas. Las instituciones desde las que se ejerce el poder, tienen, además, un ceremonial y unos rituales específicos, de gran rigidez, determinados en cada momento por los grupos dominantes, que sirven para identificar el poder, destacar las jerarquías y también para gestionar las diferencias y el desencuentro a través de un procedimiento formalizado. Los parlamentos son, en la actualidad, los depositarios de una serie rituales, ceremonias y procedimientos de todas las épocas y variedades, y que han ido evolucionando y secularizándose hasta llegar a establecer procedimientos y ceremoniales más o menos formales que sirven para transmitir una serie de ideas y principios a la propia sociedad que los observa. Los parlamentos representan el éxito del Estado en cuanto elemento capaz de establecer mecanismos para gestionar las contradicciones sociales, dar voz a las diferentes partes implicadas e institucionalizar así los procesos de control político y adopción de decisiones.

La Jefatura de Estado parlamentaria, y más concretamente, en el caso de una monarquía parlamentaria, ha de erigirse como el elemento de cohesión auténtica de la sociedad, abstrayendo a ésta de las continuas contradicciones sociales representadas por parlamentarios y gobiernos adscritos a partidos políticos, y permitiendo encontrar puntos de encuentro que susciten la adhesión a un proyecto común. De esta manera, la Jefatura de Estado parlamentaria ha de representar los valores ideales con los que la sociedad se sienta identificada en cada momento. En el caso de una monarquía parlamentaria, además, la corona simboliza al Estado que, en tanto que idea, precisa igualmente de una representación ideal del mismo a través de una persona, que es el titular de la Corona, el Rey.

Las ceremonias han servido tradicionalmente a las monarquías para delimitar su propio espacio, separándola de la vida común, pero al mismo tiempo sirven para significar los eventos o procesos más importantes de la vida social. Es decir, como consecuencia de la pérdida progresiva funciones de carácter político, las monarquías han ido adaptándose a la vida social buscando su lugar, encontrando nuevas funciones y explorando nuevas justificaciones de su propia existencia en sociedades cada vez más igualitarias y secularizadas convirtiéndose en símbolos del Estado, de su unidad y continuidad[112]. Hoy día, las ceremonias sirven para dotar de solemnidad los actos de exteriorización de decisiones o hechos que tienen relevancia para el Estado. Las ceremonias aportan un elemento muy importante en la legitimación de todo el aparato estatal, en cuanto que representan la vía de comunicación formalizada entre política y ciudadano, que acepta también este lenguaje formalizado como un mecanismo de legitimación última del llamado poder hegemónico.

En este sentido, el jefe del Estado en una monarquía parlamentaria acaba siendo ese punto ideal de conexión entre la sociedad y el Estado. Pero, un símbolo constitucional no es solamente una representación estática de una idea o valor, sino que ha de asumir un rol más bien dinámico. Esta posición se traduce en la importancia que tiene la participación del monarca en todos los actos institucionales, como elemento común que garantiza la integración ideal de todo el aparato institucional del Estado. Además, el Rey ha de representar los valores con los que mayoritariamente se siente identificada la sociedad, que son los que el Estado ha de promover y el monarca encarnar.

---

112. CANNADINE, D., *Making History Now and Then*, Palgrave Macmillan, Basingstoke-Hampshire, 2008, p. 41.

La jefatura de Estado parlamentaria, finalmente, es la institución que habría de canalizar los llamados «miranda» (los elementos de la «ilusión»), mientras que un parlamento y un gobierno han de esforzarse en desarrollar los llamados «credenda» (los componentes de la «eficacia»), permitiendo, de esta manera, asegurar que las tensiones políticas y las contradicciones sociales se vean institucionalizadas y se consolide, como un plebiscito de todos los días, el proyecto político superior que supone un Estado.

CAPÍTULO III

LOS PARTIDOS POLÍTICOS: ¿DE SOLUCIÓN A PROBLEMA?

1. Introducción

Este capítulo analiza el encaje constitucional e institucional de los partidos políticos tomando como referencia el contexto europeo desde el punto de vista de su posición esencial en la garantía de la democracia representativa. En los sucesivos epígrafes se comienza por el estudio de las cuestiones clásicas para ir avanzando hasta las mutaciones que han sufrido en la actualidad y las relaciones que mantienen con las fundaciones y entidades vinculadas.

De esta manera, este estudio comienza con una revisión crítica de la razón de ser de los partidos, para continuar con los elementos propios del modelo europeo, el régimen de constitución legal de los mismos y se hace referencia a las barreras de entrada en los parlamentos. A continuación, este capítulo profundiza en las dos cuestiones que están mereciendo un mayor interés doctrinal en los últimos tiempos: su régimen de financiación y su relación con fundaciones y entidades vinculadas, cuya razón de ser inicial parece ser la de contribuir a realizar propuestas de políticas públicas y difundir los beneficios del proyecto político que se plantea, pero cuya evolución ha sido, como poco, particular.

El análisis de los *think tanks*, su clasificación y su relación con los partidos en la democracia parlamentaria, particularmente la española, permitirá hacerse una idea de la evolución que los propios partidos están viviendo y hacia dónde van realmente.

2. La razón de ser de los partidos

Mucho se ha escrito sobre el concepto y naturaleza de los partidos políticos, haciendo referencia al contexto en el que surgen, a la finalidad o a su forma de funcionamiento. Sea cual sea la definición por la optemos, lo cierto es que los partidos han sido siempre grupos humanos, con un cierto liderazgo y más o menos organizados que pretenden llegar al poder. Hasta bien entrado el siglo XX, los partidos políticos fueron considerados con desconfianza tanto por los teóricos como por los actores institucionales. La famosa advertencia de los *Founding Fathers* en Estados Unidos frente a las «*factions*» y la sospecha generalizada en Europa continental reflejan esta actitud ambivalente[113]. Sin embargo, en las décadas posteriores a la Segunda Guerra Mundial, especialmente a partir de los años cincuenta, se produce un redescubrimiento del valor funcional de los partidos como agentes necesarios del desarrollo político en contextos de cambio social acelerado. Este redescubrimiento no es meramente académico: responde a una necesidad política que se abre paso en las nuevas naciones poscoloniales. Los partidos no sólo articulan intereses, sino que también desempeñan funciones de movilización, integración y canalización de lealtades hacia el nuevo Estado. De esta manera, en la segunda mitad del siglo XX se producirá un intenso esfuerzo de teorización de la naturaleza, finalidad y encaje constitucional de los partidos políticos. Habrá autores que opten por una perspectiva más formalista o jurídico-organizativa para explicar el fenómeno

---

113. Madison, J., «The Same Subject Continued: The Union as a Safeguard Against Domestic Faction and Insurrection», *The Federalist Papers*, núm. 10, 1788 (publicado originalmente por the *New York Packet*, 23 noviembre 1787). *Vide* la edición elaborada por la Biblioteca del Congreso en <https://guides.loc.gov/federalist-papers/full-text>). Sobre esta cuestión, Conniff, J., «The Enlightenment and American Political Thought. A Study of the Origins of Madison's. Federalist Number 10», *Political Theory*, Vol. 8/3, 1980, pp. 381-402.

y otros que, en cambio, defiendan una concepción más bien funcionalista[114].

Así, **LaPalombara** y **Weiner**, desde una perspectiva funcionalista, rechazaron prontamente definiciones puramente formales o jurídico-organizativas, como aquellas centradas exclusivamente en el hecho de competir en elecciones o en tener una estructura determinada y propusieron, en cambio, una serie de elementos que tendría todo partido político con independencia del régimen en el que se incardinara. Éstos serían (1) continuidad en el proyecto, más allá de la vida o el mandato de sus líderes; (2) comunicaciones permanentes y fluidas entre las unidades locales y las nacionales; (3) propósito de los líderes políticos de llegar al poder, no solamente de influir en su ejercicio; (4) y búsqueda del apoyo popular para lograrlo[115]. Desarrollando un poco estas características, de podría concluir que las características básicas de un partido que lo hacen diferente de otros movimientos y estructuras que participan en procesos de formación de la voluntad política podrían ser las siguientes:

a) Una estructura organizativa duradera: Un partido debe tener una organización con cierta permanencia en el tiempo, no ser meramente una coalición ad hoc para un ciclo electoral. Esta característica lo diferencia de los movimientos efímeros o de los frentes coyunturales.

b) Tener como objetivo llegar al poder: El partido debe aspirar a ejercer el poder, directa o indirectamente. No basta con influir o presionar desde fuera (como un lobby); debe proponerse llegar al gobierno.

114. Para una y otra visión, *vide* LaPalombara, J.; Weiner, M. (Eds.), *Political Parties and Political Development. (SPD-6),* Princeton University Press, Princeton, 1966; Duverger, M., *Les partis politiques*, A. Colin, Paris, 1951 (traducido al español como Duverger, M., *Los partidos políticos*, Fondo de Cultura Económica, México, 1.ª ed. 1957, 22.ª reimpresión 2012); Lipset, S. M.; Rokkan, S., (Eds.), *Party Systems and Voter Alignments: Cross-National Perspectives*, Free Press, New York, 1967. Más recientemente, *vide* Gunther, R.; Montero, J. R.; Linz, J. J. (Eds.), *Political parties: Old concepts and new challenges*, Oxford University Press, 2002.

115. LaPalombara, J.; Weiner, M., «The Origin and Development of Political Parties», LaPalombara, J.; Weiner, M. (Eds.), *Political Parties and Political Development. (SPD-6),* Princeton University Press, Princeton, 1966, p. 6 (3-42).

c) Búsqueda de apoyo popular: Su legitimidad y acción política se basan en la movilización de un sector relevante de la sociedad. Aquí los autores subrayan que no es necesario que el partido sea «de masas» en el sentido moderno, pero sí que tenga alguna conexión con sectores sociales identificables.

d) Articulación de una ideología o programa: Aunque no se exige un sistema ideológico cerrado, el partido debe representar intereses, valores o propuestas de forma coherente para diferenciarse de otros y permitir a los votantes una elección racional.

Esta definición refuerza, además, la tesis de estos autores que rechazaban la visión tradicional de los partidos como simples «canales» entre sociedad y Estado para sostener que, en realidad, los partidos participan activamente en la construcción del propio Estado moderno. En efecto, los partidos serían:

a) Instrumentos de socialización política, en tanto que transmiten normas, expectativas y comportamientos propios del sistema político. La socialización ocurre tanto por participación activa de la ciudadanía como por exposición pasiva a discursos y campañas.

b) Canales de representación, dado que organizan intereses sociales y económicos en torno a proyectos que compiten por el poder. A diferencia de los grupos de presión, los partidos sintetizan múltiples intereses en un programa.

c) Mecanismos de reclutamiento político. Así, proveen de candidatos para el sistema político. En las democracias maduras, este rol está más institucionalizado, mientras que, en sistemas en transición, este proceso resulta más informal y a menudo acaba siendo clientelar.

d) Agentes de movilización y legitimación. Esta función es esencial en Estados que buscan consolidarse. Aquí los partidos actúan como generadores de consenso y cohesión, no sólo como representantes de intereses ya formados.

e) Canalizadores del conflicto, dado que su estructura permite encauzar conflictos sociales de forma institucionalizada. Esto es clave para evitar que el conflicto derive en violencia o desestabilización[116].

Estas funciones aparecen más o menos recogidas tanto en las constituciones modernas (como el artículo 6 de la Constitución española) como en la propia legislación de desarrollo y son, en definitiva, una manifestación de la naturaleza de los partidos en tanto que agentes intermediarios entre el individuo y el Estado que se da en toda democracia[117].

3. El modelo europeo de partido político

En el contexto europeo, su regulación, estructura y función se encuentran profundamente influenciadas por las tradiciones constitucionales nacionales y por los estándares comunes establecidos por los organismos internacionales más representativos en el viejo continente. Así, en particular, las Directrices sobre la regulación de los partidos políticos elaboradas por la OSCE/ODIHR y la Comisión de Venecia identifican tres funciones básicas de los partidos políticos: facilitar la cooperación entre ciudadanos para la expresión política, coordinar la acción de los titulares de cargos públicos y permitir la formulación de programas y selección de candidatos para las elecciones. Estas funciones los convierten en vehículos esenciales de la representación democrática[118].

---

116. DAALDER, H., «Parties, Elites, and Political Developments in Western Europe», LAPALOMBARA, J.; WEINER, M. (Eds.), *Political Parties and Political Development. (SPD-6)*, Princeton University Press, Princeton, 1966, pp. 43-77 y PÉREZ-MONEO AGAPITO, M., *La selección de candidatos electorales en los partidos*, CEPC, Madrid, 2012, especialmente, pp. 29-58.

117. Sobre la naturaleza de los partidos políticos, *vide* LAPALOMBARA, J.; WEINER, M., «The Origin and Development of Political Parties», *op. cit.*; MICHELS, R. (Ed.), *Political Parties: A Sociological Study of the Oligarchical Tendencies of Modern Democracy*, Routledge, London, 1999; GARCÍA PELAYO, M., *El Estado de partidos*, Alianza Editorial, Madrid, 1986.

118. VENICE COMMISSION, *Guidelines on Political Party Regulation*, 2nd ed., Council of Europe/OSCE/ODIHR, Strasbourg, 2020, CDL-AD(2020)032, disponible en <https://www.venice.coe.int/webforms/documents/?pdf=CDL-AD(2020)032-e>

El Tribunal Europeo de Derechos Humanos, por su parte, ha subrayado que los partidos políticos son «una forma de asociación esencial para el buen funcionamiento de la democracia», lo que implica que toda restricción a su libertad debe ser analizada con especial celo por parte de las instancias judiciales[119]. Esta idea ha sido reiterada por la Asamblea Parlamentaria del Consejo de Europa (PACE), que reconoce a los partidos como un «elemento clave de la competición electoral» y como un tipo de «mecanismo de conexión fundamental entre el individuo y el Estado»[120].

De esta manera, en el ámbito europeo coexisten dos modelos de configuración normativa del partido político en cuanto tal. Por un lado, el modelo que podríamos denominar liberal o «de libre mercado», que concibe los partidos como asociaciones privadas dotadas de libertad organizativa y funcional con la máxima libertad para seleccionar a sus dirigentes y candidatos y con las mínimas limitaciones normativas externas. Este modelo, por tanto, se traduce en marcos normativos que priorizan la autonomía interna frente a la intervención estatal. Por otra parte, y siguiendo el análisis de la Comisión de Venecia, tenemos al modelo igualitariodemocrático, que se fundamenta esencialmente en los principios de igualdad interna, democracia organizativa y competencia justa. Desde este punto de vista, los partidos políticos —al actuar como canales esenciales para la participación ciuda-

---

119. Caso *Partido Comunista Unificado de Turquía y otros vs Turquía*, recurso núm. 19392/92, STEDH 30 enero 1998 (ECLI:CE:ECHR:1998:-0130JUD001939292), párrafo 44. Igualmente, *vide* el caso *Partido Socialista y otros vs Turquía*, recurso núm. 21237/93, STEDH 25 mayo 1998 (ECLI:CE:ECHR:1998:0525JUD002123793), párrafo 41 y el caso *Refah Partisi (Partido de la prosperidad) y otros vs Turquía* (ECLI:-CE:ECHR:2003:0213JUD004134098), recursos núm. 41340/98, 41342/98, 41343/98 y 41344/98, STEDH 13 febrero 2003, párrafos 86-89. Sobre esta cuestión, *in extenso*, KEANE, D., «Attacking hate speech under Article 17 of the European Convention on Human Rights», *Netherlands Quarterly of Human Rights,* Vol. 25/4, 2007, pp. 641-663; WALTER, C., «Interactions between International and National Norms: Towards an Internationalized Concept of Militant Democracy», ELLIAN, A., RIJPKEMA, B. (Eds.), *Militant Democracy*, Springer, Dordrecht, 2018, pp. 79-95.

120. PARLIAMENTARY ASSEMBLY OF THE COUNCIL OF EUROPE (PACE), *The code of good practice for political parties*, Resolución 1546, 17 abril 2007, parágrafo 4, disponible en <https://pace.coe.int/en/files/17529/html>

dana, el ejercicio del sufragio y la selección de cargos públicos, así como al cumplir una función de interés público— deben garantizar el respeto a la igualdad y a la democracia en su estructura interna, así como disponer de condiciones equivalentes y justas para competir en los procesos electorales. Adicionalmente, este modelo suele entrelazarse con una visión emancipadora, respaldando la implementación de acciones positivas destinadas a reforzar la representación y el protagonismo de grupos minoritarios dentro de las formaciones políticas[121].

Este último sistema, que en esencia se encuentra inspirado por un concepto sustantivo de lo que se entiende por democracia, encajaría bien con la tradición alemana de la llamada «democracia representativa» *(wehrhafte Demokratie)*, acuñado en su momento por Karl LOEWENSTEIN, y que impone a los partidos requisitos de organización interna democrática como condición para su constitución y desarrollo de actividades[122]. En efecto, el artículo 21 de la Ley Fundamental *(Grundgesetz)* exige expresamente que la estructura interna de los partidos sea democrática, al igual que el artículo 6 de la Constitución española, pero, en este caso, la Ley Fundamental permite su disolución por parte del Tribunal Constitucional si atentan contra el orden democrático libre. Esta concepción ha influido en múltiples ordenamientos europeos, generando una tensión constante entre la libertad de asociación y la exigencia de coherencia democrática interna[123].

---

121. VENICE COMMISSION, *Guidelines on Political Party Regulation*, 2nd ed., Council of Europe/OSCE/ODIHR, Strasbourg, 2020, *op. cit.*, pp. 10-11.

122. *Vide* LOEWENSTEIN, K., «Militant democracy and fundamental rights, I», *The American Political Science Review*, Vol. 31/3, 1937, pp. 417-432; LOEWENSTEIN, K., «Militant democracy and fundamental rights, II», *The American Political Science Review*, Vol. 31/4, 1937, pp. 638-658; VAN BIEZEN, I., «Political Parties as Public Utilities», *Party Politics*, Vol. 10/6, 2004, pp. 701-722; TYULKINA, S., *Militant Democracy: Political Parties and Beyond*, Routledge, New York, 2015, pp. 87-109; y el extraordinario estudio de ÁLVAREZ ÁLVAREZ, L., «Legitimidad, lealtad constitucional y democracia militante», *Revista de Derecho político*, núm. 117, 2023, pp. 343-356.

123. Para un análisis reciente de esta cuestión, *vide* MOLIER, G.; RIJPKEMA, B., «Germany's new militant democracy regime: National democratic party II and the German Federal Constitutional Court's "potentiality" criterion for party bans», *European Constitutional Law Review*, Vol. 14/2, 2018, pp. 394-409.

En todo caso, el principio de pluralismo político implica que los partidos deben poder competir entre sí en condiciones razonables. Por ello, y siguiendo una metodología propia del análisis de un mercado que garantice la libre competencia, además de la cuestión de la lucha por ofrecer el proyecto político más sólido y convincente para el electorado, existen tres elementos que condicionan la competitividad y la propia existencia de los partidos y que depende del «regulador»: la propia constitución legal o inscripción del partido político, las posibles barreras de entrada y, finalmente, la cuestión de la financiación. La idea de emplear esta metodología al análisis del marco regulador y del comportamiento de los partidos políticos no es nueva, aunque en este trabajo se introducirán algunas innovaciones metodológicas respecto de los primeros estudios que apuntaron en esta dirección[124].

4. La constitución legal de los partidos

En los países europeos, la constitución de un partido político requiere el cumplimiento de ciertos requisitos, como la inscripción en un registro oficial o la demostración de un número mínimo de miembros. Las directrices de la Comisión de Venecia sostienen que tales requisitos deben ser razonables y no obstaculizar indebidamente la participación política. Así, puede ser aceptable la exigencia de un millar de miembros para constituir un partido en un país de ocho millones de habitantes, pero resultaría desproporcionado exigir cinco mil[125]. Esta proporcionalidad es esencial para garantizar el pluralismo político, en tanto que la existencia de obstáculos legales arbitrarios o excesivamente restrictivos pueden ocasionar una violación de la libertad de asociación, protegida por el artículo 11 del Convenio Europeo de

---

124. Tullock, G., «Entry Barriers in Politics», *The American Economic Review*, Vol. 55/1-2, 1965, pp. 458-466; Holcombe, R. G., «Barriers to Entry and Political Competition», *Journal of Theoretical Politics*, Vol. 3/2, 1991, 231-240.

125. Venice Commission, *Opinion on the draft law on amendments to the law on political parties of the Republic of Azerbaijan adopted by the Venice Commission at its 89th Plenary Session*, CDL-AD(2011)046-e, 16-17 diciembre 2011, p. 6.

Derechos Humanos. Además, la disolución de partidos solo debería producirse en casos excepcionales y representa una de las medidas más severas que podría adoptar un Estado democrático. La propia Asamblea del Consejo de Europa (PACE) ya manifestó que «un partido político solo debería ser prohibido o disuelto como último recurso, de conformidad con el ordenamiento constitucional del país, y de acuerdo con los procedimientos que ofrezcan todas las garantías necesarias para un juicio justo»[126].

Las circunstancias excepcionales que validarían la prohibición de un partido político fueron analizadas por el TEDH que señaló la promoción de la violencia o la pretensión de subvertir el orden democrático. Así en el caso *Partido republicano de Rusia*, el TEDH afirmó que deben existir «razones convincentes y apremiantes» que demuestren la necesidad de restringir la libertad de asociación en una sociedad democrática[127]. Y, además, la Corte de Estrasburgo se reserva el derecho de revisar la disolución de un partido político realizando un análisis en el que «debe examinarse la injerencia denunciada a la luz del conjunto del caso y determinar si fue "proporcionada al fin legítimo perseguido" y si las razones invocadas por las autoridades nacionales para justificarla son "relevantes y suficientes"»[128].

Por otro lado, aunque no todos los ordenamientos jurídicos europeos obligan expresamente a los partidos a organizarse internamente de forma democrática, existe una tendencia normativa creciente hacia la exigencia de procedimientos internos participativos. Las buenas prácticas internacionales recomiendan que los estatutos de los partidos se aprueben mediante procesos deliberativos, y que las decisiones clave (como la elección de líderes o la selección de candida-

---

126. Parliamentary Assembly of the Council of Europe (PACE), *Restrictions on political parties in the Council of Europe member states*, Resolución 1308, 18 noviembre 2002, parágrafo 11, disponible en <https://pace.coe.int/en/files/17063/html>

127. Recurso núm. 12976/07, caso *Republican Party of Russia v. Russia*, STEDH 12 abril 2011, ECLI:CE:ECHR:2011:0412JUD001297607, especialmente, parágrafo 76.

128. *Ibídem*, parágrafo 77.

tos) estén sujetas a mecanismos de control y consulta[129]. En este sentido, el TEDH ha reconocido, empleando el recurso al margen de apreciación nacional, la capacidad de los Estados, de imponer requisitos mínimos de transparencia, siempre que no interfieran desproporcionadamente en la libertad organizativa del partido[130].

5. Las barreras de entrada «legales»

En el ámbito del Derecho de la competencia, las barreras de entrada son obstáculos que dificultan o impiden la entrada de nuevos competidores a un mercado, beneficiando así a los que ya están (denominados incumbentes), limitando la oferta a los consumidores y, por tanto, impidiendo una competencia real[131]. Las barreras de entrada suelen clasificarse en económicas, legales, tecnológicas y reputacionales[132]. Para los efectos de este texto, nos centraremos en barreras legales que establecería el regulador para salvaguardar algún interés público que estime de importancia tal que justifica la excepción a la regla general de la libre competencia política.

Así, en apartados anteriores se ha hecho referencia a la cuestión ideológica. Hay ciertas ideologías que el sistema europeo considera nocivas para el régimen democrático que defiende y por tanto las prohíbe. Sería el caso de la prohibición de reeditar el partido nazi o el comunista en Alemania de

---

129. Venice Commission, *Código de buenas prácticas en el ámbito de los partidos políticos adoptado por la Comisión de Venecia en su 77.ª Sesión Plenaria (Venecia, 12-13 de diciembre de 2008) e informe aclaratorio adoptado por la Comisión de Venecia en su 78.ª Sesión Plenaria (Venecia, 13-14 de marzo de 2009)*, CDL-AD(2009)021, Council of Europe, Strasbourg, 2009, parágrafos 28, 35, 36 y 100-102.

130. Recurso núm. 18860/07, *Yabloko Russian United Democratic Party and Others v. Russia*, STEDH 8 julio 2008, ECLI:CE:ECHR:2016:1108JUD001886007, especialmente, párrafos 71 y 88.

131. Demsetz, H., «Barriers to Entry», *The American Economic Review*, Vol. 72/1, 1982), pp. 47-57.

132. Roberts, S., «Barriers to entry and implications for competition policy», Bonakele, T.; Fox, E.; Mncube, L., (Eds.), *Competition Policy for the New Era: Insights from the BRICS Countries*, Oxford University Press, Oxford, 2017, pp. 199-218.

la mano de un sistema que ha establecido una serie de medidas profilácticas que lo han hecho tributario del calificativo de «democracia militante»[133]. Además, otros sistemas como el español, y la propia jurisprudencia del TEDH han avalado la prohibición de partidos, y, por tanto, su entrada en la competición política, que utilicen la violencia o se sirvan de ella para lograr sus fines. Sobre estas dos cuestiones suele haber más o menos consenso y el debate doctrinal gira en torno a los límites de la llamada «democracia militante», sus guardianes y, en menor medida, se plantea también la discusión en torno a la propia definición de mecanismos violentos[134].

Sin embargo, otra cuestión que sí resulta controvertida, consiste en el establecimiento de las llamadas barreras electorales, es decir, en la existencia de umbrales o porcentajes mínimos de votos requeridos para acceder a la representación parlamentaria. Aunque el TEDH aceptó un umbral del 10 % en el caso turco, lo hizo subrayando que dicho umbral era «excepcionalmente alto» y debía ser revisado[135]. En este sentido, en abril de 2022, el parlamento turco aprobó una ley que reducía la barrera electoral al 7 % nacional y, aunque este porcentaje aún sitúa el caso turco entre los más restrictivos, ha supuesto sin duda un avance importante para favorecer el pluralismo político[136]. La Comisión de Venecia y la Asamblea

---

133. Capoccia, G., «Militant democracy: The institutional bases of democratic self-preservation», *Annual Review of Law and Social Science*, Vol. 9/1, 2013, pp. 207-226.

134. Bourne, A. K., «The proscription of political parties and militant democracy», *The Journal of Comparative Law*, Vol. 7, 2012, pp. 196-213; Bourne, A. K.; Casal Bértoa, F., «Mapping "Militant Democracy": Variation in Party Ban Practices in European Democracies (1945-2015)», *European Constitutional Law Review*, Vol. 13/2, 2017, pp. 221-247.

135. Recurso 10226/03, *Yumak and Sadak v. Turkey*, STEDH 8 julio 2008, ECLI:CE:ECHR:2008:0708JUD001022603, parágrafo 147.

136. *Vide* la Ley núm. 7393, de modificación de la ley elecciones parlamentarias y algunas leyes *[Milletvekili Seçimi Kanunu ile Bazı Kanunlarda Değişiklik Yapılmasına Dair Kanun]*, Diario Oficial núm. 31801, 6 abril 2022, disponible en <https://www.resmigazete.gov.tr/eskiler/2022/04/20220406-1.htm>. Para un análisis de cómo esta modificación afectó a las primeras elecciones que se celebraron tras su aprobación, *vide* Kocapinar, G.; Kalaycioğlu, E., «Elections and partisanship: analyzing the results of the 2023 general elections in Turkey», *Southeast European and Black Sea Studies*, Vol. 24/2, 2024, pp. 237-257.

Parlamentaria del Consejo de Europa han recomendado que estos umbrales no superen el 3 % (nacional), con el fin de preservar la representatividad del sistema y evitar la exclusión sistemática de minorías políticas[137].

6. La financiación de los partidos

La financiación de los partidos políticos es otra de las grandes cuestiones de toda democracia. En las democracias parlamentarias que, en esencia, acaban teniendo lo que se denomina una «democracia de partidos», éstos se convierten en instituciones permanentes que precisan de recursos para asegurar su funcionamiento. En efecto, necesitan medios personales, económicos y materiales para cumplir con sus funciones no solamente en los períodos electorales, sino también más allá, hasta el punto de que realizan funciones y prestan servicios a sus electos de manera permanente. Por ello, en la regulación de los partidos políticos, la cuestión relativa a su financiación resulta crítica y es esencial para garantizar su continuidad y su autonomía frente a posibles influencias espurias que provengan de donantes interesados. Además, es necesario garantizar la igualdad de oportunidades o, mejor, la libre competencia, y la transparencia en la financiación de asociación privada con relevancia pública[138].

Desde una perspectiva comparada, los mecanismos de financiación de los partidos políticos incluyen subvenciones públicas, donaciones privadas e ingresos provenientes de rentas y de actividades propias. Comenzando por esto último, los partidos con cierta tradición han acumulado patrimonio inmobiliario que pueden alquilar o enajenar o, incluso,

---

137. Parliamentary Assembly of the Council of Europe (PACE), *State of human rights and democracy in Europe*, Resolution 1547, 8 abril 2007, párrafo 58, disponible en <https://pace.coe.int/en/files/17531/html>

138. Gunlicks, A. B. (Ed.), *Campaign and Party Finance in North America and Western Europe*, Routledge, London, 1993; Holgado González, M., *La financiación de los partidos políticos en España*, Tirant, Valencia, 2003; Nassmacher, K-H., *The funding of party competition. Political finance in 25 Democracies*, Nomos, Baden-Baden, 2009.

pueden percibir rentas provenientes de servicios que encargan a terceros (como una cafetería en la sede que gestione una empresa hostelera) o explotarlos ellos directamente. En España es conocida la existencia de bares y restaurantes explotados por partidos políticos, aunque últimamente parece que la explotación directa se está sustituyendo paulatinamente por rentas derivadas de «concesiones» a terceros. También pueden existir ingresos derivados del denominado *merchandising*, aunque este tipo de ingresos son limitados y casi siempre provienen de compras que realizan afiliados y cargos[139].

En el caso español, la Ley Orgánica 8/2007, de 4 de julio, sobre financiación de los partidos políticos distingue únicamente entre financiación pública y privada al establecer los recursos económicos de los partidos (artículo 2). Así, dentro de la financiación pública incluye todo tipo de subvenciones de las administraciones públicas (para funcionamiento, seguridad, *mailing*...) y, además, las aportaciones públicas indirectas, esto es, aquellas que los partidos reciben de los grupos parlamentarios e institucionales en todos aquellos ámbitos en los que tengan representación. Este último supuesto ha causado siempre una cierta controversia por cuanto que los grupos parlamentarios vienen ingresando directamente en las cuentas de sus partidos políticos de referencia las distintas subvenciones que perciben de las cámaras en las que obtienen representación. Se trata de una generosa financiación que, simplemente, suele cambiar de manos y que los interventores de los parlamentos, sobre todo de algunos autonómicos, veían con cierta reticencia en tanto que no existía causa legal o contractual para vaciar las cuentas de los grupos en favor del partido de referencia. En algunos supuestos, los partidos directamente «facturan» a los grupos parlamentarios (que en ciertas ocasiones cuentan con CIF propio) por los servicios de asesoramiento político

---

139. Barrett, B., *Merchandising Democracy: Inside the Online Industry of Campaign Merchandise*, The University of North Carolina at Chapel Hill, North Carolina, 2023; Miragliotta N.; Manwaring, R.; Holloway, J., «New old ways of financing the party: exploring the commercial activities of modern political parties», *European Political Science Review*, Vol. 16/1, 2024, pp. 148-165.

que supuestamente les prestaban[140]. En otros casos, se establecen convenios de colaboración (seguidos o no de facturas específicas) que pretenden justificar las transferencias de las subvenciones de los grupos al partido de referencia. Estas prácticas son habitualmente censuradas por los órganos fiscalizadores, especialmente por el Tribunal de Cuentas, en tanto que no quedan claros los servicios que se puedan prestar, o que sea a precios de mercado, o que se establezca adecuadamente el método de cálculo. Este tipo de cuestiones dificulta el control real de la financiación pública recibida y merece siempre una serie de avisos y recomendaciones por parte de los órganos de fiscalización contable, particularmente del Tribunal de Cuentas, en todos los informes que realiza[141]. Además, habría que tener en cuenta la financiación que reciben fundaciones y asociaciones vinculadas a partidos políticos y que, aunque tendrían prohibido dedicar estas subvenciones a actividades netamente políticas, se dedican a la organización de eventos, a la realización de informes más o menos técnicos y a la publicación y divulgación del ideario político. En el caso español, ninguna fundación ha llegado al nivel de trabajo e implicación de otras entidades asimilables como la famosa *Konrad Adenauer Stiftung*, que, aunque es independiente de la CDU/CSU, viene realizando un importante papel de promoción de la democracia, el Estado de Derecho y la economía social de mercado desde la perspectiva democristiana. Por ello, aunque no se trata de una vía de financiación adicional directa de un partido político, sí

---

140. Por ejemplo, *vide* Asamblea Regional de Murcia, *Informe de fiscalización de la contabilidad específica de las subvenciones que la Asamblea Regional de Murcia asignó a los Grupos parlamentarios*, IX Legislatura, Ejercicio 2016, disponible en <https://www.asambleamurcia.es/sites/default/files/informe_de_fiscalizacion_de_la_contabilidad_de_los_grupos_parlamentarios_2016.pdf>

141. En este sentido, véase, por ejemplo, Tribunal de Cuentas, *Informe núm. 1573, de fiscalización de las cuentas anuales de los partidos políticos, ejercicio 2020*, de 22 de octubre de 2024, *Boletín Oficial del Estado*, núm. 312, de 27 de diciembre de 2024, pp. 181817-182239. Para un estudio reciente, *vide* Olea Romacho, A.; Redondo del Pozo, M. T., «Régimen jurídico-económico y contable de las dotaciones económicas a los grupos políticos locales», Fernández-Figueroa Guerrero, F. (Coord.), *Diagnóstico de mejoras normativas en la legislación básica de régimen local*, Fundación Democracia y Gobierno Local, Madrid, 2022, pp. 89-133.

que contribuyen a la difusión de la ideología propia de cada partido y realizan actividades que, al menos indirectamente, pueden beneficiar a sus promotores[142].

En cuanto a la financiación privada, la legislación española establece que forman parte de este epígrafe las cuotas y aportaciones de los afiliados, los productos de las actividades propias, las donaciones (en dinero o en especie), créditos y herencias o legados. La práctica española y europea establece que los parlamentarios y cargos públicos ejecutivos hacen unas aportaciones mensuales que suponen un porcentaje del sueldo que tengan (entre el 10 y el 50 %, normalmente, dependiendo de la formación política). Estas aportaciones, que por lo demás se reducen de la base a efectos tributarios, con lo que en la práctica es un descuento de sueldo no son legalmente exigibles, pero sí acaban siéndolo políticamente, en tanto que simbolizan el compromiso del cargo con el proyecto político y, en realidad, con la dirección el partido que confió en esta persona para ocupar esa posición. Es por ello que, en la jerga política, a esta aportación mensual «voluntaria» suele denominársele «el impuesto de partido» o, incluso, el «impuesto revolucionario»[143]. Por otra parte, las últimas reformas en materia de transparencia de los partidos políticos codificaron en la normativa la necesidad de notificar directamente al Tribunal de Cuentas y publicar en la web de los partidos todas aquellas donaciones o legados superiores a los 25.000 Eur (además de las donaciones de bienes inmuebles, inexistentes en la práctica), «con referencia concreta a la identidad del donante o legatario» (artículos 5.2, 8.3 y 14.8, de la Ley de Financiación de Partidos Políticos). Según los datos publicados en el último informe del Tribunal de Cuentas, solo se han producido 12 donaciones o aportaciones a partidos políticos en España de más de

---

142. Rodríguez Teruel, J.; Casal Bértoa, F., «La financiación pública de los partidos políticos: España en perspectiva comparada», *Presupuesto y Gasto Público*, núm. 82, 2016, pp. 159-178; Pérez Rivas, N.; Sanjurjo Rivo, V. A., «La financiación privada de los partidos políticos a través de sus fundaciones: ¿una puerta abierta a su financiación indirecta e ilegal?», *Revista General de Derecho Constitucional*, núm. 33, 2020.

143. Rodríguez López, A., «El impuesto de partido como vía de financiación pública indirecta en el sistema político», *Actualidad Administrativa*, núm. 11, noviembre 2014, 1200-1206.

10.000 Eur y, según el análisis del propio Tribunal, aquellas que superarían los 25.000 Eur, provenían siempre de cargos públicos del propio partido. De ello se deduce, que los partidos apenas reciben donaciones y las que perciben provienen directa o indirectamente de sus propios cargos públicos[144].

La práctica de estos mecanismos de financiación crea un panorama confuso en el que al final casi toda la financiación de los partidos es pública o, mejor dicho, tiene un origen público: o bien porque proviene de subvenciones directas al partido, o bien porque proviene de transferencias de grupos parlamentarios e institucionales o bien porque proviene de donaciones y aportaciones «voluntarias» de sus cargos vías descuentos de sueldos. Los partidos, por su parte, han podido incluir en ocasiones (aunque ya no lo hacen) como financiación privada la que proviene de los servicios que prestan a sus grupos parlamentarios e institucionales, aunque, en todo caso, las donaciones mensuales (los famosos descuentos de sueldos) sí que se siguen imputando en el apartado de financiación privada. Así pues, se quedaría corto el Tribunal de Cuentas, cuando concluye en su último informe que «la proporción que ha representado la financiación pública ha sido del 73 % y la financiación privada del 27 %», en tanto que dentro de la privada sigue imputando las aportaciones que realizan los cargos públicos de los partidos, que supone la mitad o más de este apartado. Es por ello que, globalmente, la financiación pública de los partidos políticos en España está en torno al 85 %, en algunos partidos algo más y en algunos algo menos, pero moviéndose siempre en la horquilla

Una verdadera vía de financiación privada la constituirían las posibilidades abiertas por el llamado *crowdfunding*. En realidad, habría dos posibilidades, o bien las micro donaciones o bien los microcréditos. Las primeras entrarían de lleno en las donaciones de particulares con el régimen jurídico que ya hay establecido. En cambio, en el caso de los llamados microcréditos, aunque técnicamente consisten en pequeños préstamos que particulares harían a las formaciones políticas en realidad la práctica las ha hecho mutar de naturaleza.

---

144. Tribunal de Cuentas, *Informe núm. 1573, op. cit.*, p. 439.

Es decir, la cuestión es que la gran mayoría de estos micro-créditos no se reclaman por parte de los acreedores con lo que, en la práctica, constituirían una donación, aunque los partidos insisten en incluirlo en el pasivo de sus cuentas (es decir, como créditos). Esta cuestión ha sido señalada por el Tribunal de Cuentas quien ha realizado numerosas recomendaciones tanto a los poderes públicos como a los partidos para que esta nueva vía de financiación no incurra en fraude de ley, contabilizando como crédito (que, por tanto, hay que devolver) lo que en realidad es una donación de un simpatizante o afiliado. Aunque aún no supone una cantidad importante en la financiación global de los partidos españoles (en concreto, 5,77 millones de Eur según el último informe), lo cierto es que sería necesario revisar esta situación[145].

7. Los «cerebros» de los partidos: fundaciones y *think tanks*

Para desarrollar sus funciones de generación de proyectos y alternativas políticas para competir en procesos electorales los partidos políticos modernos necesitan expertos y asesores que les permitan entender las complejidades de la gestión pública actual y elaborar propuestas coherentes con sus proyectos de acceso al poder. Este tipo se asesoría a veces es informal, a veces se centra en una serie de expertos contratados bien a tiempo completo bien a tiempo parcial coincidiendo con los ciclos electorales y, otras veces, se llega a constituir un órgano de asesoramiento específico. Esto último es habitual en los grupos parlamentarios. Sin embargo, los partidos políticos modernos han venido desarrollando ciertas prácticas de colaboración con laboratorios de ideas o, incluso, han llegado a constituir ellos mismos organizaciones específicas destinadas a perfilar propuestas y a difundir la ideología del partido más allá de los comicios y los períodos electorales[146].

---

145. Palma Ortigosa, A., «*Crowdfunding* y Financiación de Partidos Políticos», *Revista de Derecho Político*, núm. 104, 2019, pp. 229-256.

146. Xifra, J., *Los think tanks*, Editorial UOC, Barcelona, 2016.

Aunque son un fenómeno esencialmente norteamericano, el fenómeno se ha ido extendiendo posteriormente hasta llegar a Europa. En efecto, en el viejo continente, los llamados *political party think tanks* (PPTTs) ocupan un lugar peculiar, a medio camino entre los órganos de un partido y los centros independientes de reflexión estratégica. Estos organismos, descritos frecuentemente como «el cerebro» de la formación a la que sirven, cumplen funciones importantes en el sistema democrático, como la elaboración programática, la formación de cuadros, la producción de ideas a largo plazo y la articulación de relaciones y vasos comunicantes con la sociedad civil[147].

Lo cierto es que la variedad de este tipo de organizaciones ha hecho que a menudo se confundan instituciones que son ciertamente dependientes de partidos (en el caso español, algunas fundaciones) con otras que pueden tener afinidad ideológica o incluso estar integradas por antiguos cuadros de un partido, pero con total autonomía. Por no hablar de consultoras que puedan realizar estudios o trabajos ad hoc en determinados momentos. Últimamente, la doctrina politológica está girando su atención hacia este fenómeno y ya se han elaborado interesantes propuestas de clasificación de estas entidades. De esta manera, siguiendo a Vande Walle y de Lange sería posible desarrollar una tipología funcional de los PPTTs basada en dos ejes: la naturaleza de sus funciones (partidistas o de *think tank*) y su público objetivo (interno o externo). El resultado de este análisis clasificar a los PPTTs en cuatro tipos: *Party Assistants*, *Party Supporters*, *Party Promoters* y *Party Intellectuals*[148].

De esta manera, un PPTT es un organismo con vínculos estatutarios, legales, organizativos o financieros con un partido político concreto, normalmente reconocido por la legislación nacional y, en muchos casos, financiado con fondos

---

147. Poguntke, T., «Parties in a Legalistic Culture: The Case of Germany», Katz, R. S.; Mair, P. (Eds.), *How Parties Organize: Change and Adaptation in Party Organizations in Western Democracies*, Sage, London, 1994, pp. 185-215.

148. Vease el excelente análisis de la cuestión y la clasificación propuesta en Vande Walle, B.; de Lange, S. L., «Understanding the Political Party Think Tank Landscape: A Categorization of Their Functions and Audiences», *Government and Opposition*, Vo. 60/1, 2025, pp. 104-124.

públicos. Su personal suele estar compuesto por miembros o exmiembros del partido, simpatizantes o personas ideológicamente afines, y su agenda gira en torno a los principios doctrinales de la organización matriz. Estas entidades se diferencian de los clásicos *think tanks* no partidistas en que estos últimos declaran su neutralidad política y carecen de vínculos formales con partidos. Además, se distinguirían también de los *think tanks* partidistas en que estos serían independientes en lo jurídico pero próximos ideológicamente a ciertas formaciones. Así, aunque el público en general a veces no perciba como diferenciados de los partidos políticos con cuya ideología comulgan, lo cierto es que constituyen una entidad jurídica independiente económica, personal y orgánicamente del partido político del que estén próximos ideológicamente[149].

La doctrina señala cómo el vínculo con el partido implica una tensión estructural: por un lado, la cercanía facilita la influencia política, pero, por otro, puede limitar la independencia intelectual. En todo caso, un *think tank* que formalmente no tenga vínculos jurídicos pero cuya composición esté determinada total o casi íntegramente por cuadros del partido político de referencia tendrá comprometida su independencia real y, en todo caso, sería difícil refutar alegaciones de sesgo político-partidista determinado en su actuación[150].

En fin, la doctrina ha comprobado cómo aquellas tareas que los partidos habían delegado históricamente en sus órganos y estructuras internas aparecen ahora delegadas o asumidas por estos PPTT. Así, funciones tales como la elaboración de programas, el establecimiento y desarrollo de

---

149. Miragliotta, N., «Institutional Dynamics and Party Think Tank Development: Britain and Germany Compared», *Commonwealth & Comparative Politics*, Vol. 56/2, 2018, p. 240 (234-256); Kelstrup, J. D., «Quantitative Differences in Think Tank Dissemination Activities in Germany, Denmark and the UK», *Policy Sciences*, Vol. 50/1, 2017, p. 128 (125-137); Pautz, H., «British Think-Tanks and Their Collaborative and Communicative Networks», *Politics*, Vol. 34/4, 2014, p. 348 (345-361); Vande Walle, B.; de Lange, S. L., «Understanding the Political Party Think Tank Landscape: A Categorization of Their Functions and Audiences», *op. cit.*, p. 106.

150. Jezierska, K.; Sörbom, A., «Proximity and Distance: Think Tanks Handling the Independence Paradox», *Governance*, Vol. 34/2, 2021, p. 400 (395-411).

programas formación, relación con la sociedad) se han añadido a las funciones propias de los *think tanks* clásicos como
la generación de conocimiento o la difusión y asesoramiento
en la elaboración de políticas públicas para configurar los
nuevos PPTT que combinan ambos mundos, aunque la proporción y el énfasis en cada función varía según el contexto
legal, la estructura del partido y la cultura política[151].

De esta manera, el interesante análisis realizado por **VANDE
WALLE** y **DE LANGE** ha propuesto una categorización de los
PPTT basada en una matriz 2x2 que los clasifica en virtud
de dos ejes: su función predominante y su público u objetivo
principal:

	Función predominante de partido político	Función predominante de *think tank*
Destinatario predominante: público interno	*Party Assistants* (asistentes)	*Party Supporters* (partidarios)
Destinatario predominante: público externo	*Party Promoters* (impulsores)	*Party Intellectuals* (intelectuales)

Los llamados *party assistants* (asistentes) funcionan como
departamentos internos, centrados en la operativa diaria del
partido, es decir, en la preparación de posiciones, la redacción de manifiestos, el apoyo a la dirección y a los grupos
parlamentarios. Estos PPTT tienen la ventaja de que existe
una comunicación y coordinación directa con la estrategia
partidista y el inconveniente de que tienen escasa autonomía
intelectual y apenas podrían promover cambios en las posiciones del partido. En realidad, la dependencia es tal que acaban siendo un órgano propio del partido. Sería el equivalente

---

151. SARTORI, G., *Parties and Party Systems: A Framework for Analysis*,
Cambridge University Press, 1976, especialmente, pp. 56-58; KITS-
CHELT, H., *The Logics of Party Formation*, Cornell University Press,
Ithaca (NY), 1989, pp. 41-74; CROSS, W., «Democratic Norms and Party
Candidate Selection: Taking Contextual Factors into Account», *Party
Politics*, Vol. 14/5, 2008, pp. 596-619; VANDE WALLE, B.; DE LANGE, S. L.,
«Understanding the Political Party Think Tank Landscape: A Catego-
rization of Their Functions and Audiences», *op. cit.*, p. 107.

a lo que en el ámbito de la contratación pública se denomina un «medio propio» de la administración. Los denominados *party supporters* (partidarios) pretender apoyar al partido ejerciendo las funciones típicas de los llamados *think tanks* tales como la realización de investigaciones, análisis comparados, propuestas de políticas públicas, etc. Esta categoría una suerte de puente o vía de comunicación entre el mundo académico, la dirección del partido y la sociedad. Aunque están menos centrados en la coyuntura inmediata (como los asistentes), sin embargo, estarían alineados con los objetivos generales del partido en cuestión. Los calificados como *party promoters* (impulsores) desarrollan funciones propiamente partidistas dirigidas a un público externo tales como la difusión ideológica, actividades culturales, formación de simpatizantes o campañas de movilización. Este tipo de grupos, más o menos institucionalizados, pero siempre dependientes de las direcciones de los partidos, son especialmente frecuentes en partidos emergentes o en estrategias de expansión electoral. Por último, los *party intellectuals* (intelectuales) son similares a los *think tanks* independientes, aunque están vinculados formalmente al partido. Su agenda responde más al desarrollo de los principios doctrinales e ideológicos del partido a largo plazo, más que a la estrategia electoral inmediata[152].

Los PPTTs cumplen, pues, un papel estratégico en la renovación doctrinal y en la conexión entre política y sociedad. Sin embargo, su efectividad depende de un delicado equilibrio entre cercanía al partido y autonomía suficiente para pensar a largo plazo. En el caso español, podemos encontrar básicamente estas categorías, aunque bajo fórmulas organizativas e incluso legales algo distintas de lo que es habitual en otros países. Las fundaciones vinculadas a los partidos entrarían dentro del ámbito de los *think tank* partidarios *(party supporters)* y aquellas otras, poco numerosas, que tienen un claro sesgo ideológico y que están conformadas por cuadros o antiguos cuadros de sus partidos de referencia podrían ser

---

152. Vande Walle, B.; de Lange, S. L., «Understanding the Political Party Think Tank Landscape: A Categorization of Their Functions and Audiences», *op. cit.,* pp. 113-117.

caracterizadas como *think tanks* intelectuales (*party intelectuals*). Entre las primeras podemos encontrar, por ejemplo, la Fundación Pablo Iglesias vinculada al Partido Socialista Obrero Español, la Fundación Popular de Estudios Vascos vinculada al Partido Popular, la Fundación Disenso vinculada al partido VOX, la Fundación Sabino Arana vinculada al Partido Nacionalista Vasco o Iratzar Fundazioa vinculada a Sortu, partido mayoritario de la coalición EH Bildu[153]. Entre las segundas (*think tanks* intelectuales) podrían incluirse en el caso español la Fundación Alternativas que se autocalifica de «progresista» en sus Estatutos o la Fundación para el Análisis y los Estudios Sociales (FAES) que se sitúa en el «centro reformista» y ya desvinculada formalmente del Partido Popular[154].

Las otras dos categorías resultan mucho más líquidas en el caso español y a veces se confunden, por períodos con las dos grandes tipologías. Así, en ocasiones algunas entidades partidarias se acaban convirtiendo en asistentes de los partidos políticos por épocas o para actividades específicas, como la Fundación IDEAS, antigua Jaime Vera y dedicada a la formación de cuadros socialistas. También las hay que asumen la función de impulsores de sus partidos de referencia, sobre todo en época preelectoral, como la Fundación Reformismo21, antigua fundación Concordia y Libertad, que se reactivó en marzo de 2023, poco antes de las elecciones generales del 23 de julio de 2023. No obstante, existen pocos estudios cuantitativos y cualitativos actualizados que hayan realizado este tipo de análisis en nuestro país y los trabajos que se dedican a esta cuestión de las fundaciones de los par-

---

153. Para un listado de las fundaciones, asociaciones y entidades vinculadas a partidos políticos, *vide* Tribunal de Cuentas, *Informe núm. 1533, de la fiscalización de las aportaciones percibidas por las fundaciones y demás entidades vinculadas o dependientes de los partidos políticos y de los gastos de programas y actividades de estas financiados con cargo a subvenciones públicas, ejercicio 2020*, de 28 de septiembre de 2023, *Boletín Oficial del Estado*, núm. 308, de 23 de diciembre de 2024, pp. 178179-178280.

154. Los Estatutos de la Fundación Alternativas están disponibles aquí <https://fundacionalternativas.org/la-fundacion/transparencia/estatutos/> y los de la FAES, tras su desvinculación del Partido Popular, aquí <https://fundacionfaes.org/estatutos/>.

tidos políticos suelen centrarse en el aspecto de la financiación encubierta que podrían recibir los partidos a través de sus fundaciones[155].

8. Epílogo: la laboralización de la política

Los partidos políticos son entidades cuya finalidad es llegar al poder. Lo que los hace tan particulares, desde un punto de vista ontológico, es que los partidos son también estructuras de poder en sí mismas. En última instancia, un reducido grupo de personas es el que realmente controla el proceso de adopción de decisiones, las iniciativas políticas que se van a desarrollar, las personas que ocuparán las candidaturas y la propia política de comunicación. Los miembros de los órganos representativos tienen un limitado margen de maniobra y, muy habitualmente, se centran en ser las correas de transmisión de las decisiones que se han adoptado según unos intereses que pueden no coincidir con los que se defienden en ese órgano representativo. Es decir, a veces una dirección nacional puede tomar una decisión (ej. Apoyar la derogación de un determinado beneficio fiscal) que sea de muy difícil defensa política en un territorio determinado.

Además, los partidos han contribuido a iniciar un proceso que bien podría acabar en una mutación del sistema representativo. Esto es, a través de los mecanismos de designación de miembros del Tribunal Constitucional, del Consejo General del Poder Judicial o incluso del Tribunal Supremo, resulta a todas luces incontestable que los partidos pugnan por incluir entre los miembros de estas instituciones a per-

---

155. Para una ilustración, *vide* Ruiz-Rico Ruiz, G., «El control sobre la financiación de los partidos políticos: un desafío permanente para el legislador», *Teoría y realidad constitucional*, núm. 35, 2015, pp. 281-308; Rodríguez Puerta, M. J., «Control externo de la actividad económico financiera de los partidos políticos en España: cuestiones a debatir», *Revista General de Derecho Penal*, núm. 28, 2017; Rodríguez Teruel, J.; Casal Bértoa, F., «La financiación pública de los partidos políticos: España en perspectiva comparada», *op. cit.*; Pérez Rivas, N.; Sanjurjo Rivo, V. A., «La financiación privada de los partidos políticos a través de sus fundaciones: ¿una puerta abierta a su financiación indirecta e ilegal?», *op. cit.*

sonas afines políticamente, en la esperanza de que, llegado el caso, se alinearán con las directrices, postulados o decisiones de la dirección del partido. Sin entrar en el debate de hasta qué punto se puede demostrar empírica y científicamente si esto es así, sí que merece la pena dejar constancia de que, sin duda, los partidos han contribuido a iniciar un peligroso proceso[156]. La creencia extendida de que los órganos anteriormente mencionados están conformados por personas afines a los partidos en proporción a su peso en las instituciones que los nombran (por ejemplo, las Cortes Generales) está llevando a la creencia de que estas instituciones contramayoritarias, en realidad, acaban siendo representativas. Y, como tales, han de decidir las cuestiones en función de criterios representativos. Se trata, en efecto, de reproducir el clásico debate entre democracia y legalidad o, dicho en otros términos, el de la legitimidad de los órganos contramayoritarios (ej. El Tribunal constitucional) para anular actos aprobados por una institución directamente elegida por la ciudanía (ej. El parlamento). Lo cierto es que este debate, que estaba prácticamente superado, ha vuelto a estar de actualidad de la mano de nuevos partidos políticos que, incluso, han forzado modificaciones constitucionales para elegir «democráticamente» a los miembros del poder judicial, como ha sido el caso de México[157].

Por otra parte, los partidos y, sobre todo, las direcciones de los mismos están habitualmente preocupados por mantener un discurso totalmente idéntico sobre todas las cuestiones y en todos los territorios. Y, de esta manera, consumen

---

156. ROSADO VILLAVERDE, C., «Independencia, imparcialidad y neutralidad del Juez Constitucional: Un ensayo de caracterización», RODRÍGUEZ-PATRÓN, P.; DE LA IGLESIA CHAMARRO, A. (Coords.), *La independencia de la Justicia Constitucional a examen*, Thomson-Aranzadi, Madrid, 2025, pp. 73-110.

157. Sobre esta cuestión, *vide* VÁZQUEZ ALONSO, V. J. (Coord.), *Los jueces y la independencia judicial en el Estado de Derecho*, Tirant México, Ciudad de México, 2025, con estudios de V. VÁZQUEZ ALONSO, S. MARTÍN MARTÍN, M. L. MARTÍNEZ ALARCÓN y L. I. GORDILLO PÉREZ. Para un interesante estudio comparado, *vide* ROSADO VILLAVERDE, C., «A vueltas con la independencia judicial y el órgano de gobierno de los jueces: El genuino caso del Consejo Superior de la magistratura francés», *Estudios de Deusto. Revista de Derecho Público*, Vol. 72/1, 2024, pp. 127-163.

gran parte de sus esfuerzos orgánicos en «controlar» que no existan diputados o concejales «díscolos», en evitar que les acusen de coincidir en votaciones con partidos antagónicos y en que no se contradigan las directrices nacionales. Esto hace también que las discusiones en los distintos parlamentos sean más bien artificiales, las decisiones finales totalmente predecibles y la buena capacidad de argumentación de algunos parlamentarios ciertamente inútil en el proceso.

La política de comunicación del partido se ha erigido en la principal de toda la actividad política y en la que más recursos consume. El llamado «relato» se convierte en lo fundamental. Los partidos pugnan porque su «relato» sea el que cale mayoritariamente, aunque la tendencia es que sólo su público «compra» esa «mercancía», por utilizar el lenguaje que suelen manejar los responsables de prensa. El mensaje diario organizado en torno a argumentarios y titulares destinados a la prensa suele imponerse ante un verdadero discurso político y la degradación del debate, unido a la inmediatez que exige el ritmo de difusión de las noticias, acaba convirtiendo la discusión pública en un diálogo de sordos. Y ante este desconcierto, cada cual se refugiará «en los suyos».

El otro gran problema que enfrentan los partidos de hoy en día es el de su financiación y, más concretamente, el de la financiación de su personal. La perdida de unas elecciones, o un mal resultado, se convierte en un cúmulo de auténticas tragedias personales dado el alto número de personas que se dedican laboralmente y en exclusiva a la política. El «escándalo de los falsos títulos» que se ha producido en el verano de 2025 y que se ha llevado por delante la carrera política de varios activos importantes de todo el arco parlamentario viene a corroborar que la actividad política tiene un importante interés laboral para muchas personas. Y las propias instituciones se han adaptado a esta situación y han sustituido la remuneración histórica a través de dietas u honorarios específicos por salarios fijos, seguridad social, indemnizaciones por cese, remuneraciones de transición (pagas que se da a diputados que han cesado hasta que se constituya el próximo parlamento) e incluso un equivalente a la prestación por desempleo. La situación de dependencia orgánica y funcional respecto de las direcciones de los partidos, unida a esta evolución en la estructura salarial de los electos es lo que lleva a concluir que se está produciendo no una profesionalización de la política, sino una *laboralización* de la misma. La política se transforma en una forma de vida con pretensiones de estabilidad y por ello las estructuras de partido se tensionan mucho cuando se pierde el poder o se tiene un mal resultado. Ciertamente, la situación no es exactamente la misma en todos los partidos, pero sí existen unos elementos comunes que permiten sostener esta afirmación.

El contexto descrito es el que permite concluir que en muchas ocasiones las decisiones de los partidos políticos están claramente influidas por las consecuencias que éstas pueden tener en el futuro *laboral* inmediato de los cuadros que ocupan puestos institucionales, ya sean ejecutivos o legislativos. Se trata, pues, de introducir aquí la llamada teoría de la elección pública, a la que nos referiremos brevemente en un capítulo posterior, pero que viene a decir que los «políticos», además del interés institucional, persiguen un interés personal y, por ello, su comportamiento y proceso de adopción de decisiones está condicionado por ese elemento particular, al margen de la ideología propia, de las promesas electorales o de una determinada política pública. Así, el principal interés del «político» sería permanecer en el cargo o, incluso, ascender. De tal forma que las decisiones que adopte tendrán en cuenta en gran medida este particular.

La cuestión es que no solo las direcciones de los partidos o la doctrina científica han identificado este elemento distintivo de la política, sino que también los votantes y el público en general lo han percibido con nitidez. Por ello, el progresivo desapego hacia la política, su mala fama (los partidos suelen incluirse entre los principales problemas de la ciudadanía en las encuestas del CIS)[158] y la desconfianza sobre las razo-

---

158. En el *Barómetro de julio de 2025* se encuentra en la posición 12 entre los principales problemas que existen en España, aunque han llegado a estar en posiciones superiores. En el *Barómetro de mayo de 2023*, este elemento estuvo en tercera posición y a finales de 2019 (*Barómetro de diciembre 2019*) llegó a su máximo histórico, siendo el principal problema para casi el 50 % de la población, solo por debajo del paro. Los barómetros del CIS pueden consultarse en <https://www.cis.es/catalogo-estudios/resultados-definidos/barometros>

nes que llevan a las personas a dedicar parte de su vida a la cosa pública han causado una grave crisis en la credibilidad de los partidos y de la propia democracia de partidos. Este vacío de liderazgo está siendo paulatinamente asumido por asociaciones y entidades que defienden causas específicas y que proponen un «menú a la carta» a la ciudadanía que prefiere confiar en éstas más que en los clásicos partidos. Estas entidades acaban canalizando los mecanismos de participación directa, realizan actividades de persuasión y lobby con los propios partidos y con las instituciones y, en definitiva, están produciendo unas mutaciones en el tradicional funcionamiento de la democracia de partidos. Si a esto unimos la brecha digital y cultural que se está produciendo con las nuevas generaciones, el progresivo control que el poder ejerce sobre los medios de comunicación, tendremos ante nosotros un complicado panorama en el que estamos asistiendo a una erosión de los tradicionales centros y mecanismos de adopción de decisiones.

En suma, los partidos políticos, que han articulado la democracia representativa en Europa desde el final de la segunda guerra mundial, se encuentran en una situación de grave crisis de identidad. Esta especie de crisis de los 40 de los partidos está afectando al funcionamiento de las instituciones, al desarrollo de políticas públicas y al nivel de confianza de la ciudadanía en el Estado y en la propia democracia. Resolver esta crisis de identidad debería ser una de las principales preocupaciones de los partidos. Sin embargo, ante lo que creen urgente, ¿tendrán tiempo de enfrentarse a lo realmente importante?

CAPÍTULO IV

LAS «LEYES SEMÁNTICAS» COMO NUEVA FUENTE DE «SOFT LAW» PARTICIPATIVO[159]

1. Introducción

Los estudios clásicos sobre la llamada Ciencia de la Legislación y, más concretamente, sobre lo que algunos han denominado «el arte de redactar leyes» son abundantes y se vienen desarrollando desde los primeros pasos del Estado liberal[160]. Son trabajos de gran interés que muestran, particularmente las preocupaciones de la época sobre la necesidad de asentar el principio de generalidad de las leyes, la codificación de normativa ampliamente dispersa o, más en concreto, la garantía de la unidad y coherencia del ordenamiento jurídico[161].

---

159. Una versión inicial de este capítulo se publicó con motivo del libro homenaje a Eduardo Espín Templado en *Constitución y control jurisdiccional del poder. Estudios en homenaje a Eduardo Espín*, Tirant, Valencia, 2023.

160. BENTHAM, J., *Nomografía o el Arte de Redactar Leyes*, BOE/CEPC, Madrid, 2000, edición y estudio preliminar de Virgilio Zapatero. Este libro procede la traducción de un texto publicado en las obras completas del filósofo utilitarista en 1834 y que se basa en una serie de escritos y notas del autor elaboradas entre 1811 y 1831. FERNÁNDEZ-CARNICERO, C. J., «Bentham, Jeremy: «Nomografía o el Arte de Redactar Leyes» (Recensión)», *Revista de las Cortes Generales*, núm. 52, 2001, pp. 415-418.

161. Para una ilustración, puede consultarse la recopilación elaborada por BASELGA GARCÍA-ESCUDERO, P., «Materiales para el estudio de la técnica legislativa», *Revista de las Cortes Generales*, núm. 76, 2009, pp. 247-326.

El aumento de las funciones de los Estados, su descentralización política interna, la complejidad de las competencias que, particularmente, el Estado social europeo asume unido a una tendencia a la inflación normativa propia de los sistemas del *Civil Law* fomentada por los actores políticos ha hecho que tanto la doctrina como importantes instituciones supranacionales se hayan fijado en esta cuestión con particular atención durante los últimos años. De esta manera nos encontramos con los documentos y estudios sobre *Better Regulation* elaborados por la OCDE o la propia Comisión Europea[162]. En el ámbito del Parlamento Europeo se prefiere emplear la expresión «*Better Law-Making*», en lugar de «*Better Regulation*», para enfatizar el proceso de elaboración de la norma y la participación de los distintos actores que intervienen directa o indirectamente y no tanto el texto final resultante[163].

Por otra parte, el número de normas nuevas aprobadas se ha convertido en la forma de medir la utilidad, el trabajo y/o el éxito de un parlamento, en realidad, de su mayoría parlamentaria. De esta forma, un parlamento que apruebe muchas leyes será un parlamento avezado y trabajador, mientras que uno que no apruebe leyes o que, incluso, las derogue aparecería ante la opinión pública como una asamblea perezosa, poco merecedora del gasto que supone a los contribuyentes y, en última instancia, inútil. Esta «metodología cuantitativa» ha calado hondo en la propia opinión pública y supone, sin duda, un incentivo importante para que los parlamentos, en realidad, los líderes de los grupos y las mayorías impulsen la aprobación de nuevas leyes.

---

162. OECD, *Better Regulation in Europe: Spain 2010*, Better Regulation in Europe, OECD Publishing, Paris, 2010; ANGLMAYER, I., *Better Regulation practices in national parliaments*, PE 642.835, European Parliamentary Research Service, Brussels, 2020; EUROPEAN COMMISSION, *Better Regulation Guidelines*, SWD(2021) 305 final, Brussels, 2021; OECD, *Better Regulation Practices across the European Union*, OECD Publishing, Paris, 2022; EUROPEAN COMMISSION, *"Better regulation" toolbox*, Brussels, 2023.

163. Así resulta en el Acuerdo interinstitucional entre el Parlamento Europeo, el Consejo de la Unión Europea y la Comisión Europea sobre la mejora de la legislación, *Diario Oficial* L núm. 123, 12 mayo 2016. *Vide* MARTÍNEZ IGLESIAS, M. J., «The European Parliament and the Better Law-Making Agenda», GARBEN, S., GOVAERE, I. (Eds.), *The EU Better Regulation Agenda: A Critical Assessment*, Hart Publishing, Oxford, 2018, pp. 107-117, especialmente p. 108.

Además, desde hace unos años se viene observando una suerte de mutación en el concepto mismo de ley, de tal forma que se aprueban leyes que carecen de auténtico contenido normativo tales como leyes que reconocen a ciertos colectivos, leyes que copian legislación contenida en otras normas o leyes de mero impulso al gobierno. Este crecimiento desmedido de las normas con rango de ley coloca al aplicador del Derecho, particularmente al juez, en una situación comprometida, dificulta su labor de interpretación normativa y atenta, en última instancia, contra la propia seguridad jurídica, clave de bóveda del Estado de Derecho que todo sistema constitucional ha de garantizar[164].

«No hagas muchas pragmáticas, y si las hicieres, procura que sean buenas, y sobre todo que se guarden y cumplan, que las pragmáticas que no se guardan lo mismo es que si no lo fuesen, antes dan a entender que el príncipe que tuvo discreción y autoridad para hacerlas no tuvo valor para hacer que se guardasen»[165]. Esta frase, contenida en el clásico cervantino, es sin duda de las más citadas en todos los estudios que se refieren a los problemas que acechan hoy en día a la producción normativa. Hace referencia al contenido esencial que han de tener las normas para ser consideradas tales. Sin embargo, como veremos en este estudio, se viene produciendo una mutación en el concepto de ley tal que hoy, más que de leyes «normativas» o incluso «nominales», estaríamos hablando de la existencia de una pluralidad de leyes «semánticas».

Este capítulo analiza las diferentes clasificaciones de los nuevos tipos de leyes que vienen aprobando los parlamentos y, para añadir cierto orden al análisis, recupera la clasificación ontológica de los tipos de constituciones que estableció K. Loewenstein proponiendo incluir los nuevos tipos que escapan a la normatividad estricta en la categoría de leyes «semán-

---

164. Espín Templado, E., «El sistema de fuentes en la Constitución (I)», Espín Templado, E.; López Guerra, E., *Manual de Derecho Constitucional*, Tirant, Valencia, 2022, Vol. I, pp. 73-77 (57-82).

165. Carta de Don Quijote de la Mancha a Sancho Panza, gobernador de la ínsula Barataria, Cervantes Saavedra, M. *El ingenioso hidalgo Don Quijote de la Mancha*, Librero Francisco de Robles, Madrid, 1615. Segunda Parte, Capítulo LI, disponible en <https://cvc.cervantes.es/literatura/clasicos/quijote/edicion/parte2/cap51/cap51_02.htm>

ticas». Para ello, en primer lugar se analiza la naturaleza y función de la ley en las dos principales familias jurídicas, a continuación se destaca la evolución que viene experimentando la institución parlamentaria, lo que permitirá aportar el contexto necesario para repasar, a continuación, las clasificaciones de esta tipología de leyes que ha realizado la doctrina, clarificar la categoría de ley «semántica» y, finalmente, realizar unas consideraciones sobre las razones que impulsan al legislador a operar esta mutación del concepto tradicional. Finalmente, las conclusiones avanzan la necesidad de incluir una versión adaptada al caso español de la clásica teoría de la elección pública, lo que permitirá arrojar luz a los análisis sobre la situación de crisis que viven los parlamentos o la evolución de la calidad de la producción normativa.

2. De naturaleza y finalidad de la ley

2.1. El papel de la ley en la familia jurídica romano-germánica

Mucho se ha escrito sobre el concepto de ley, su naturaleza y finalidad. No es propósito de este trabajo el profundizar en dichas cuestiones ni el de terciar en esta cuestión que, por lo demás, depende en gran medida de la concepción de Estado y de Derecho de la que partamos, del enfoque filosófico que adoptemos o de la cultura jurídica en la que nos movamos. La ley es definida habitualmente como una norma jurídica (generalmente, un texto articulado), expresión de la voluntad general y aprobada luego de un proceso constitucionalmente establecido por parte de una asamblea parlamentaria. Generalidad y coactividad son igualmente dos características que se derivarían de lo anterior, como también lo sería su posición privilegiada en el ordenamiento jurídico, únicamente por debajo de la norma fundamental[166].

---

166. Cualquier tratado de Derecho público, constitucional o incluso civil se refiere a esta cuestión. Para algunos trabajos de revisión que sintetizan críticamente las distintas visiones y posiciones, *vide* Diez Picazo, L. M., «Concepto de ley y tipos de leyes (¿Existe una noción unitaria de ley en la Constitución española?)», *Revista Española de Derecho*

En un sistema constitucional como el español, que en esencia comparte los rasgos fundamentales de las tradiciones constitucionales del continente europeo, la ley asume además otra función, ya no es la norma suprema, pero sí que puede ser definida como la norma central, en el sentido de que ocupa un lugar central en el ordenamiento jurídico[167]. Esta centralidad, a la que se añade la transparencia de su elaboración, el debate público que puede suscitar, la solemnidad de su aprobación, promulgación, sanción y publicación la transforma en un objeto de deseo por parte de los actores políticos del momento, que la emplean habitualmente para solemnizar y codificar su proyecto político particular construido a través de la aritmética parlamentaria. Hasta aquí, son cuestiones conocidas y sobre las que se ha reflexionado por parte de la doctrina del Derecho constitucional, de la politología o de la sociología.

En toda esta construcción, sin embargo, hay una cuestión sobre la que creo que no sea reflexionado mucho. En general, esta construcción parte de que aprobar leyes, que es la función casi más representativa de un parlamento, es algo, en sí mismo bueno y positivo. La ley es buena porque crea derechos, ordena a los poderes públicos a actuar en consonancia, en definitiva, llena vacíos y aumenta el patrimonio jurídico de la ciudadanía. La ausencia de ley sería negativa porque crea vacíos apenas interpretables por una jurisprudencia que se debe ante todo a la norma escrita. La ausencia de ley sería interpretable como ausencia de derechos. Ésta, que parece casi una caracterización infantil del ordenamiento es, sin embargo, defendida habitualmente en debates parlamentarios y es una concepción fácilmente asumible por un ciu-

---

Constitucional, núm. 24, 1988, pp. 47-93; Díez Picazo, L. M., «Le concept de loi», *Annuaire international de justice constitutionnelle*, Vol. 19, 2003, pp. 450-471; Kingsbury, B., «The Concept of "Law" in Global Administrative Law», *European Journal of International Law*, Vol. 20/1, 2009, pp. 23-57. Igualmente, *vide* el clásico Carré de Malberg, R., *La loi, expression de la volonté générale. Etude sur le concept de la loi dans la Constitution de 1875*, Recueil Sirey, Paris, 1931.

167. Entre otros autores y tratadistas que emplean este concepto de centralidad, *vide* Muñoz Machado, S., *Tratado de Derecho administrativo y Derecho público general, Tomo IV. El Ordenamiento jurídico*, 4.ª ed., BOE, Madrid, 2015, p. 162.

dadano/a criado en un sistema jurídico romano germánico o de Derecho civil en el que la seguridad jurídica se alcanza a través de una codificación exhaustiva de las más variopintas cuestiones. El afán regulatorio ha llevado a nuestro país a colocarse en la cúspide de los Estados con más número de normas vigentes[168].

2.2. El papel de la ley en la familia del *Common Law*

En los países del llamado *Common Law*, sin embargo, la concepción es opuesta. En general, la ley no viene tanto a crear derechos, sino que viene a prohibir comportamientos. La ley no da, sino que resta. Resta libertad para garantizar un bien superior. Los ciudadanos gozan de todos aquellos derechos y libertades que la ley no les ha prohibido o limitado. La ley pretende «garantizar la seguridad, la igualdad de trato, proteger y gestionar adecuadamente el medio ambiente o asegurar una economía eficiente y competitiva»[169]. Estas dos definiciones de la ley, en la familia romano-germánica y en la del *Common Law*, pueden pecar de simplistas, y solaparse con la filosofía iuspositivista (más cercana al primer modelo) y la iusnaturalista (más propia del ámbito anglosajón) pero a los efectos de este trabajo aportan los elementos esenciales que permiten desarrollar la cuestión de fondo que aquí se trata[170]. Además, en la tradición romano

---

168. Según algunos estudios, que ya estarían algo obsoletos, tenemos más de 100.000 vigentes en España, cuando Alemania tiene 10.000. El dato aparece en SANSÓN CARRASCO, *¿Hay Derecho? La quiebra del Estado de Derecho y de las instituciones en España,* Península, Barcelona, 2014, «Capítulo 3. Cien mil leyes nos regulan, y la mayoría son autonómicas».

169. *Vide* esta caracterización de la ley (más genéricamente del concepto de «regulation») realizada por el Gobierno de Nueva Zelanda en el documento oficial *Government Statement on Regulation: Better regulation, les Regulation,* The Treasury, New Zealand Government, Wellington, 17 August, 2009, disponible en <https://www.treasury.govt.nz/sites/default/files/2017-12/govt-stmt-reg.pdf>

170. Para una caracterización de la cultura jurídica propia del sistema romano germánico DAINOW, J., «The civil law and the common law: some points of comparison», *The American Journal of Comparative Law*, Vol. 15/3, 1967, pp. 419-435; TETLEY, W., «Mixed jurisdictions: Common Law v. Civil Law (codified and uncodified)», *Louisiana Law Review,*

germánica hay una tendencia a producir normas muy largas, casi reglamentistas. En el lado opuesto se sitúa la familia del *Common Law*, donde en el proceso de elaboración de las leyes se hace especial énfasis en la necesidad de aprobar una nueva norma, en tanto que toda nueva regulación es vista con cierto recelo dado el enfoque más bien negativo que se tiene de las leyes porque restringen la libertad. Por ello, en los sistemas del *Common Law*, se realizan una serie de minuciosos análisis previos a través de los cuales se concluye si realmente es necesaria una nueva norma, qué contenido (siempre mínimo) ha de tener, a qué instituciones va a afectar, qué beneficios va a acarrar, qué ejemplos anteriores similares existen, y otras cuestiones similares[171].

La conclusión preliminar apunta, por tanto, a que en la familia jurídica romano-germánica o de Derecho civil se produce una cierta tendencia a la regulación de manera natural. Si a esta tendencia añadimos otra serie de elementos, que a continuación se desarrollarán, se acabará produciendo una sobrepoblación en el ordenamiento jurídico que acabará atentando contra la propia seguridad jurídica y la garantía del Estado de Derecho.

3. El papel del parlamento en la actualidad: crisis y evolución

El análisis del fenómeno según el cual los parlamentos vienen aprobando estos nuevos tipos de ley, que más adelante denominaremos «semánticas», y que implica una revisión de la naturaleza, contenido y alcance del acto legislativo, requiere una revisión de la evolución que ha sufrido recientemente la institución parlamentaria y de las crisis que le acechan.

Vol. 60, 2000, pp. 677-738; DAVID, R., JAUFFRET-SPINOSI, C., *Los grandes sistemas jurídicos contemporáneos*, 11.ª ed., UNAM, México, 2010; MOUSOURAKIS, G., *Comparative Law and Legal Traditions. Historical and Contemporary Perspectives*, Springer, Dordrecht, 2019.

171. GODDARD, D., *Making Laws That Work. How Laws Fail and How We Can Do Better*, Hart, Oxford, 2022, especialmente, pp. 149-181, donde se desarrollan distintos «checklists» previos.

El parlamento es una institución en crisis permanente. No importa cuando se escriba o se pronuncie esta aseveración. De ser la institución guardiana del «destino de la democracia» ha pasado a ser, particularmente en los sistemas parlamentarios europeos, una mera correa de transmisión de las decisiones que adopta el gobierno o, incluso, directamente el partido mayoritario en el poder. En todo caso, además de esta circunstancia, hay una serie de elementos tradicionales y otros más residentes que han contribuido a agravar la ya clásica crisis de la institución parlamentaria y a que ésta deje de ser ese centro de la vida política que las constituciones establecen, particularmente en el caso de los sistemas parlamentarios. De este modo, a la crítica clásica relativa a los parlamentos «de partido», al monopolio de la vida política por parte de los ejecutivos o a los procesos de federalización interna y supranacional, cabe añadir, al menos, otros dos fenómenos que han forzado una mutación de la propia institución[172].

Así, por una parte, los llamados nuevos populismos que, en realidad suelen ser estrategias de acceso al poder, parten de una crítica a las élites establecidas y a la propia democracia representativa que encarna el parlamento para, a continuación, apoyarse habitualmente en entidades asociativas que actúan como correa de transmisión de sus postulados críticos con el sistema. Estas entidades suelen canalizar su activismo a través de institutos de democracia directa, intentando cortocircuitar o «puentear» al parlamento, que estiman inservible por estar en manos de las élites alejadas del pueblo. Así, es habitual que estos movimientos auspicien propuestas legislativas mediante la iniciativa legislativa popular, monopolicen procesos institucionales de participación ciudadana o promuevan permanentemente la realización de consultas populares para decidir cuestiones ordinarias[173].

---

172. Sobre esta cuestión, *in extenso*, GORDILLO PÉREZ, L. I., «La erosión de la institución parlamentaria», *Teoría y realidad constitucional*, núm. 52, 2023, pp. 377-400.

173. URBINATI, N., «Political Theory of Populism», *Annual Review of Political Science*, Vol. 22, 2019, pp. 111-127; DE LA TORRE, C.; SRISA-NGA, T., *Global Populisms*, Routledge, London, 2021.

Por lo demás, incluso la forma en que se han incorporado algunas de las nuevas tecnologías ha contribuido a incrementar la pérdida de centralidad de la institución parlamentaria. La «virtualidad» en la que se celebran ahora muchas reuniones e intervenciones resta solemnidad a las comparecencias parlamentarias, la obsesión de algunos parlamentarios con retransmitir permanentemente a través de las redes sociales sus intervenciones hacen que, de facto, estas redes sociales se conviertan en los nuevos parlamentos y la propia velocidad que ha alcanzado la vida institucional gracias a estas nuevas tecnologías sin duda ha desplazado el interés público por lo que sucede en el parlamento, que está sometido a un proceso, a unos tiempos y a un cierto sosiego. Por otra parte, la falta de una correcta incorporación, no ya de las nuevas tecnologías, sino de procesos de asesoramiento científico y tecnológico adecuados también ha afectado negativamente al producto legislativo que elaboran las asambleas actuales[174].

Estas circunstancias ponen de relieve la situación de crisis casi existencial en la que se encuentra la institución parlamentaria. En realidad, esta crisis no es tanto una causa de la deficiente producción normativa, sino una consecuencia de un problema mayor que está aún en proceso de asimilación por parte de los actores políticos tradicionales, cual es los cambios de dinámicas sociales y la adaptación de estructuras institucionales propias de un constitucionalismo del siglo XX a nuevas formas de interrelación social, de formación de opiniones o de expresión de las propias. A ello hay que añadir el problema de la desconexión de las nuevas generaciones de votantes con los partidos tradicionales y con las instituciones en las que éstos tradicionalmente se han desenvuelto con soltura. No es objeto de este trabajo analizar estas circunstancias, pero sí merece la pena traerlo a colación para

---

174. DE BLASIO, E., SORICE, M., «Populism between direct democracy and the technological myth», *Palgrave Communications*, Vol. 4, 2018, pp. 1-11; VAN EST, R., «Thinking parliamentary technology assessment politically: Exploring the link between democratic policy making and parliamentary TA», *Technological Forecasting and Social Change*, Vol. 139, 2019, pp. 48-56; BOLLEYER, N., SALÁT, O., «Parliaments in times of crisis: COVID-19, populism and executive dominance», *West European Politics*, Vol. 44/5-6, 2021, pp. 1103-1128.

contextualizar la situación: unas fuerzas políticas en trance de adaptación a una realidad que en ocasiones no acaban de entender a través de unas instituciones diseñadas por y para unas sociedades que funcionaban con otros tiempos, con otros ritmos y con otros impulsos. El resultado es una mutación del producto del legislador, cuando no una contestación misma de la legitimidad de los procesos de formación de la voluntad general a través de las instituciones representativas clásicas[175].

4. Clasificaciones ontológicas de leyes y leyes «semáticas»

4.1. La definición de una nueva categoría normativa: la «ley semántica»

Tal y como se viene advirtiendo y tal y como se desarrollará a continuación, la doctrina viene señalando con preocupación desde hace tiempo que los parlamentos aprueban leyes que, en realidad, no lo son. Abusan del concepto de ley formal e incluyen en ellas contenidos que no les son propios. Para identificar a estos tipos de leyes, se empleará el concepto de «ley semántica». No es una creación totalmente original, sino que extrapola aquí la exitosa clasificación ontológica que Loewenstein ya estableciera diferenciando entre constituciones normativas, nominales y semánticas. Era una clasificación que se basaba en la naturaleza, contenido y carácter de los textos autodenominados constituciones en la época en la que el autor realizó su análisis. Recuérdese que las constituciones normativas eran aquellas cuyo contenido e inspiración respondían bien a las directrices democráticas que la regían. La nominal era aquella constitución cuyo contenido no siempre respondía totalmente a las directrices democráticas, sea por su contenido, por la aplicación que de ella se hacía o por la realidad local en que había de regir. Pero

---

175. Curato, N.; Sass, J.; Ercan, S. A.; Niemeyer, S., «Deliberative democracy in the age of serial crisis», *International Political Science Review*, Vol. 43/1, 2022, pp. 55-66.

las constituciones semánticas, también llamadas pseudo constituciones eran textos mediante los cuales gobiernos más bien autoritarios intentaban disfrazar su poco afecto al elemento democrático y al Estado de Derecho[176].

En puridad, hay pocas leyes hoy que sigan respetando el concepto clásico (normativo), ya que casi todas ellas incluyen algún elemento adicional como medidas de impulso político, alguna declaración netamente política o una copia de normativa existente en otros textos (nominal). Lo que sorprende es el gran número de leyes «semánticas» que están surgiendo y cuya finalidad es tan distinta de la propia y tradicional de las normas que aprueba un parlamento configurado de acuerdo con las normas del constitucionalismo clásico. Seguirán surgiendo nuevos tipos de leyes, según se haga énfasis en una intencionalidad u otra del legislador, en una patología o en otra, en una desviación o en otra. En todo caso, creo que podemos denominar a esta nueva categoría, siguiendo a Loewenstein, como «leyes semánticas».

4.2. De los diversos intentos de clasificar las tipologías normativas

El intento de poner cierto orden, encontrar cierta lógica o, simplemente, glosar el extraño fenómeno que se viene describiendo es, en realidad, una preocupación ya clásica, no solo de la ciencia de la legislación, como antes se ha expresado, sino por parte de los ius publicistas más reconocidos. Además, no es extraño que este tipo de fenómenos sea analizado con ciertas dosis de ironía por parte de la doctrina. Ya en el siglo XIX, en su clásico *Scherz und Ernst in der Jurisprudenz* Von Ihering realizó una mordaz crítica con una metodología similar a la empleada por otros autores posteriores a los que nos referiremos, aunque enfatizando más bien la desconexión entre la teoría jurídica y los problemas reales[177]. En un tono

---

176. Loewenstein, K., *Political power and the Governmental process*, 2nd ed., The University of Chicago Press, Chicago, 1965, pp. 147-153. La primera edición de 1957 también incluía esta clasificación.

177. Von Ihering, R., *Jurisprudencia en broma y en serio*, Reus Madrid, 2015 (reedición al español de la traducción de la tercera edición del original

mucho más solemne, **GARCÍA DE ENTERRÍA** criticaría un siglo más tarde y con medida contundencia la inflación legislativa, el auge de las llamadas «leyes-medida» y, en fin, la cada vez más defectuosa técnica normativa empleada por el legislador español empeñado en incrementar sin medida una legislación ya desbocada[178].

De nuevo con un tono más irónico y haciendo gala de un profundo conocimiento de la realidad político-constitucional, **VANDELLI**, en su *Psicopatologia delle riforme quotidiane*, estableció hasta trece tipos de leyes en función del *transtorno* que en cada momento sufriera el legislador. El ensayo está basado en la experiencia italiana, aún más avanzada que la nuestra en esta materia, aunque por poco, pero es extensible al caso español.

Así, el ius publicista de la Universidad de Bolonia distinguía entre la legislación ciclotímica (donde se combinan períodos de intensa actividad legislativa con otros de auténtico parón parlamentario), la legislación autística (el legislador que no escucha), la egoísta (reglas a medida —de la élite, se entiende—), esquizofrénica (leyes contradictorias que permiten hacer una cosa y su contrario), obsesiva (que centra todos los esfuerzos en casi una única cuestión, en el caso italiano, la justicia), placebo (anuncios de futuras regulaciones para «calmar» psicológicamente al «paciente»), anoréxica (reformas sin la correspondiente previsión de los instrumentos necesarios para su aplicación), présbita (reformas que se difieren en el tiempo y que «disfrutarán» las próximas generaciones), neurótica (legislación compleja, prácticamente ilegible, particularmente en temas presupuestarios), verborreica (similar a la anterior, un *tsunami* de normas confusas y heterogéneas), disléxica (la inclusión de neologismos superfluos o jerga del Derecho de la UE en idiomas distintos del italiano ha añadido un elemento adicional

---

en alemán publicado en 1884 como *Scherz und Ernst in der Jurisprudenz: eine Weihnachtsgabe für das juristische Publikum*, Bretkopf und Härtel, Leipzig, 1885, y editado en España como *Bromas y veras en la Ciencia Jurídica: un presente navideño para los lectores de obras jurídicas*, Ed. Revista de Derecho Privado, 1933).

178. GARCÍA DE ENTERRÍA, E., *Justicia y seguridad jurídica en un mundo de leyes desbocadas*, Civitas, Madrid, 1999.

de confusión en ocasiones) y, finalmente, la legislación disgregada y la legislación en estado confuso (que añade a las patologías la derivada de la complejidad que entraña legislar en áreas donde existe una confusa distribución territorial del poder)[179].

Sosa Wagner, que incluye un mordaz prólogo a la edición en español del libro de Vandelli, no se refiere tanto a la inseguridad jurídica que provoca la frivolidad normadora del legislador, sino que centra sus dardos en la falta de sentido institucional y, en definitiva, de seriedad de los hacedores de normas de nuestro país. La conclusión que tanto el autor italiano como el prologuista de la versión en español extraen puede reconducirse a una cuestión simple, pero a la vez complicada y que se puede sintetizar en la lealtad institucional o en la necesidad de tomarse en serio tanto el proceso de elaboración de las normas como su resultado final.

En todo caso, los anteriores no han sido los únicos autores que han venido denunciando la desviación del concepto, uso y finalidad de la ley por parte del parlamento a través de la aprobación de actos que cada vez se alejan más de una norma jurídica de alcance general que permita al individuo organizar su vida sobre la base de la predictibilidad del ordenamiento y del comportamiento de los poderes públicos. Así, la doctrina más actual ha criticado la proliferación de las llamadas «leyes volitivas» (que expresan una voluntad sin velar por su realización) o las «leyes proclamáticas», que se subdividirían en «proclamáticas formales», destinadas a «subsistir sólo transitoriamente en el ordenamiento» y las «leyes memorial» que «persiguen una reescritura de la historia sin contenidos normativos precisos»[180].

---

179. Vandelli, L., *Psicopatologia delle riforme quotidiane. Le turbe delle istituzioni: sintomi, diagnosi e terapie*, Il Mulino, Roma, 2006. Publicado en español como Vandelli, L., *Trastornos de las instituciones políticas*, EditorialTrotta-Fundación Alfonso Martín Escudero, Madrid, 2007, con un interesante prólogo de F. Sosa Wagner.

180. García, E., «Las leyes volitivas», *El Confidencial*, 20 abril 2023, disponible en <https://blogs.elconfidencial.com/espana/tribuna/2023-04-20/leyes-volitivas-vivienda_3614136/>; Porras Nadales, A., «Retos del Derecho constitucional: la esfera institucional», *Asuntos Constitucionales*, núm. 0, 2021, pp. 19-30, especialmente, pp. 27-28.

4.3. Del caso tradicional «las leyes singulares»...

Otro gran problema que se viene repitiendo y cada vez con más frecuenta es el abuso de las llamadas tradicionalmente leyes singulares, que normarían cuestiones que tendría que ser reguladas a través de una norma reglamentaria, pero que lo son mediante ley formal para evitar ulteriores recursos individuales ante la jurisdicción contencioso-administrativa o para evitar la ejecución de sentencias. El propio Tribunal Constitucional ha elaborado una teoría sobre estas leyes y distingue entre leyes de destinatario único, leyes autoaplicativas y leyes singulares «en razón de la singularidad del supuesto de hecho que regula»[181].

La «Ley reglamento» o la «ley escudo». Los ejemplos son habituales en materia urbanística y medioambiental, llegando a los supuestos de la llamada expropiación legislativa, es decir, a través de una ley singular[182]. También es interesante el caso de la ley que aprobó el Parlamento Vasco, a propuesta de los dos grupos que sustentaban al Gobierno, y que realizó una trasposición en la ley de materia reglamentaria para evitar su enjuiciamiento por parte del Tribunal Superior de Justicia del País Vasco, que había anulado un gran número de medidas adoptadas por el Gobierno Vasco para la gestión de la pandemia de la Covid-19[183].

---

181. STC 203/2013, 5 diciembre, especialmente, FJ 3. Sobre esta cuestión, *vide* Bouazza Ariño, O., «El respeto de los derechos fundamentales como límite constitucional al legislador (La STC 203/2013, de 5 de diciembre, por la que se declara la inconstitucionalidad de la Ley de la Ciudad del Medio Ambiente de Soria)», *Revista Vasca de Administración Pública,* núm. 99-100, 2014, pp. 703-718; Álvarez González, E. M., «Técnica legislativa y disfunciones de las técnicas normativas en España. Retos actuales», *Revista Vasca de Administración Pública*, núm. 117, 2020, pp. 17-73.

182. Para un ejemplo, *vide* Santaolalla López, F., «Expropiación legislativa de una pensión extraordinaria y leyes de caso único: comentario a la STC 45/2018, de 26 de abril», *Revista General de Derecho Constitucional*, núm. 28, 2018.

183. *Vide* la Ley 2/2021, de 24 de junio, de medidas para la gestión de la pandemia de COVID-19, *Boletín Oficial del País Vasco*, núm. 128, de 30 junio 2021. Para una crítica contextualizada de esta ley, *vide* Gordillo Pérez, L. I., «La gestión de la pandemia por parte de las instituciones autonómicas del País Vasco», Martínez Otero, J.; Garrido Mayol,

4.4. ... a las últimas tendencias de los parlamentos autonómicos

Aunque la aparición de nuevas tipologías ontológicas de leyes es un fenómeno que se viene observando en todas las asambleas legislativas desde hace tiempo, lo cierto es que, en el caso español, los parlamentos autonómicos son los que han alcanzado mayores cotas de creatividad a la hora de utilizar la fuente central del ordenamiento jurídico para las más variadas finalidades.

De esta manera, además de las reseñadas en apartados anteriores, encontramos leyes que podríamos bautizar como «ley condecoración» y cuya finalidad es reconocer a algún sector o grupo social que por cualesquiera razones que aprecia una mayoría parlamentaria se ha hecho merecedor de este homenaje. Dejando al margen las denominadas leyes de memoria histórica, mencionadas anteriormente, es habitual encontrar una serie de leyes en las que la parte sustancial de la norma aprobada acaba siendo el título y la exposición de motivos, apartados que no son estrictamente normativos, pero que son los que contienen la verdadera razón de ser de este acto legislativo. Los ejemplos son muy variados, como la ley del Estatuto de las Mujeres Agricultoras del País Vasco, seguida por la ley del Estatuto de las Mujeres Rurales de Castilla – La Mancha[184]. También es el caso, con matices, de la ley Andaluza del Flamenco o de las leyes que han aprobado un gran número de parlamentos autonómicos relativas a la autoridad del profesorado. En estos supuestos, suele existir un contenido legislativo singular (por ejemplo, la reorganización administrativa en materia de flamenco y reconocimiento del profesor como autoridad pública, cosa que se podría haber hecho bien con otro instrumento normativo, bien con un solo artículo, bien modificando otra ley

---

V. (Coords.), *Estado autonómico y derechos fundamentales en la era post-coronavirus*, Tirant, Valencia, 2024, pp. 263-306.

184. Ley 8/2015, de 15 de octubre, del Estatuto de las Mujeres Agricultoras, *Boletín Oficial del País Vasco*, núm. 200, de 21 octubre 2015. Ley 6/2019, de 25 de noviembre, del Estatuto de las Mujeres Rurales de Castilla – La Mancha, *Diario Oficial de Castilla – La Mancha*, núm. 235, de 28 noviembre 2019.

ya existente), pero el grueso del texto articulado está orientado a establecer un reconocimiento específico a un sector o grupo concretos[185].

En clara conexión con la anterior categoría y, a veces solapándose, se encuentran las leyes que podríamos denominar, siguiendo a Eloy García, «volitivas» o, más concretamente, leyes de impulso político o más críticamente de «brindis al sol». Se trata de leyes que no incluyen contenido normativo específico, bien porque difieren a normas posteriores su concreción (normalmente a un reglamento) o porque su finalidad realmente es establecer una medida de impulso político al gobierno de turno, instándole a que implemente una serie de actividades, políticas o medidas, pero sin que esta exhortación sea jurídicamente vinculante ni exigible ante los tribunales. En realidad, se trata de una auténtica mutación de las resoluciones que aprueban los parlamentos provenientes de las llamadas proposiciones no de ley o mociones y cuya finalidad es instar al gobierno a que haga o no haga algo en concreto. Son resoluciones políticas sin valor jurídico. Lo relevante del asunto, no obstante, es que este tipo de resoluciones se están trasladando a leyes formales cuyo contenido casi íntegro bien podría haberse aprobado a través de una medida ordinaria de impulso político (proposición no de ley o moción, en su caso). Aquí encontramos una variada casuística, desde legislación espejo de normas nacionales que, al carecer las Comunidades Autónomas de competencias regulatorias en sentido estricto en dichas materias, se dedican en realidad a establecer medidas de fomento, reorganización interna o de impulso político al gobierno. En estos casos, tenemos la tradicional legislación de juventud, de cultura, de deporte o de cine, junto a las más modernas de cooperación y solidaridad o de transi-

---

185. Ley 4/2023, de 18 de abril, Andaluza del Flamenco, Boletín Oficial de la Junta de Andalucía, núm. 75, de 21 abril 2023. En cuanto a las leyes que reconocen la autoridad del profesorado, *vide*, por ejemplo, la Ley 2/2010, de 15 de junio, de Autoridad del Profesor, *Boletín Oficial de la Comunidad de Madrid*, núm. 154, de 29 junio 2010 o la Ley 3/2013, de 28 de junio, de medidas de autoridad del profesorado, *Boletín Oficial del Principado de Asturias*, núm. 231, de 4 julio 2013.

ción energética y cambio climático, por mencionar algunos casos habituales[186].

Tenemos, finalmente, una categoría de ley muy particular, producto en parte del proceso de laboralización de la actividad pública y de la necesidad de autojustificación por parte de autoridades y organismos. Existen así, leyes que no innovan ciertamente el ordenamiento jurídico y que, cuando incluyen normas como tales, en realidad, son casi reglas de auto organización interna o manuales de procedimiento más parecidos a textos refundidos que a otra cosa. Así, dentro de esta categoría, resulta habitual, encontrarnos con las versiones autonómicas de leyes aprobadas por las Cortes Generales que replican preceptos o que intentan mandar un mensaje político aludiendo a la especialidad o diferenciación específica de tal o cual comunidad autónoma o que se aprueban para reforzar el compromiso político de la mayoría parlamentaria del momento con una determinada política o actuación. En este sentido, es habitual en el discurso político encontrarse con afirmaciones que critican a tal o cual gobierno autonómico por ser la única (o una de las pocas) Comunidad Autónoma que no tiene una ley de tal o cual cosa, lo que colocaría a sus ciudadanos en una situación de desventaja en materia de derechos o protección. Es, por ejemplo, el caso de las leyes de memoria histórica y democrática que han aprobado los parlamentos vasco, catalán, andaluz o aragonés; de las leyes de igualdad entre mujeres y hombres que han aprobado todas las Comunidades Autónomas en materia de lucha y prevención contra la violencia de género y, más recientemente, en materia de protección de la infancia y

---

186. Así, a título meramente ejemplificativo, *vide* la Ley 1/2024, de 8 febrero, de Transición Energética y Cambio Climático, *Boletín Oficial País Vasco*, núm. 38, de 21 febrero 2024 (en la que, curiosamente, su contenido normativo consiste en establecer un canon a las renovables como medida de fomentar su uso); la Ley 11/2002, de 10 de julio, de Juventud de Castilla y León, *Boletín Oficial de Castilla y León*, núm. 139, de 19 julio 2002; la Ley 3/2024, de 15 de febrero, de Cooperación y Solidaridad, *Boletín Oficial del País Vasco*, núm. 44, de 29 febrero 2024; la Ley 6/2018, de 9 de julio, del Cine de Andalucía, *Boletín Oficial de la Junta de Andalucía*, núm. 135, de 13 julio 2018.

de la adolescencia[187]. No obstante, en algún caso, alguna Comunidad Autónoma se ha adelantado, pero siguiendo un guion similar, como en el caso de la ley de movilidad sostenible aprobada por el Parlamento vasco antes de la aprobación de su homóloga nacional[188].

Existen, finalmente, un tipo de leyes que se dan en Comunidades con estructuras de mando o élites de altos cargos que se perpetúan durante años y que promueven, a través de sus respectivos Departamentos gubernamentales, la aprobación de leyes codificadoras cuya función consiste en refundir en un texto e incluir normas relativas al propio funcionamiento interno y que tienen como finalidad dotar de un «Manual de procedimiento» a los funcionarios y empleados públicos que dependen de ellos y, de paso, reforzar o reivindicar una determinada competencia frente a otros Departamentos del mismo gobierno. Es el caso de gran parte de las disposiciones incluidas en la ley del sector público vasco, en la ley de empleo público o en la ley del procedimiento de elaboración de disposiciones de carácter general[189].

---

187. Un instrumento de gran utilidad que recopila normativa y jurisprudencia para apoyar a los parlamentarios durante el proceso legislativo lo constituyen los dosieres que elaboran los servicios de estudios de los distintos parlamentos. Así, para una recopilación de las leyes autonómicas sobre memoria histórica y democrática, *vide* el *Dosier* núm. 108, Servicio de Estudios del Parlamento Vasco, 23 diciembre 2021, disponible en https://shorturl.at/kpxO0>, para el caso de la legislación en materia de lucha y prevención contra la violencia de género, *vide* el *Dosier* sobre igualdad elaborado por los servicios del Senado y disponible en <https://shorturl.at/fFLY9>; para el caso de la legislación en materia de infancia y adolescencia, *vide* el *Dosier* núm. 126, de 10 octubre 2023, Servicio de Estudios del Parlamento Vasco, disponible en < https://shorturl.at/dtEP0>.

188. Ley 11/2023, de 9 noviembre, de movilidad sostenible de Euskadi, *Boletín Oficial del País Vasco*, núm. 224, de 23 noviembre 2023. *Vide* el proyecto de Ley de Movilidad Sostenible presentado por el Gobierno durante la XV Legislatura y disponible en el *Boletín Oficial de las Cortes Generales*, Congreso, núm. 9-1, 23 febrero 2024, Serie A proyectos de ley, referencia 121/000009.

189. *Vide* la Ley 3/2022, de 12 de mayo, del Sector Público Vasco, *Boletín Oficial País Vasco*, núm. 97, de 20 mayo 2022; la Ley 11/2022, de 1 de diciembre, de Empleo Público Vasco, *Boletín Oficial País Vasco*, núm. 245, de 26 diciembre 2022; y la Ley 6/2022, de 30 de junio, del Procedimiento de Elaboración de las Disposiciones de Carácter General, *Boletín Oficial País Vasco*, núm. 137, de 15 julio 2022.

5. El crecimiento y el impacto de las leyes «semánticas»

5.1. Las causas de la proliferación de estas leyes

La cuestión relativa a la decreciente calidad técnica de las normas que aprueban gobiernos y parlamentos ha sido muy estudiada y existe un consenso en cuanto a las medidas necesarias para atajar el problema, falta quizá voluntad política de hacerlo[190]. En todo caso, tres son en mi opinión, las razones fundamentales por las que, junto a este proceso de degradación técnica de la norma escrita, se está produciendo una verdadera mutación de le ley misma: la conversión de los parlamentos en cajas de resonancia de la actualidad informativa, la dificultad de encontrar nuevas áreas para legislar y la tendencia a aprobar normas reconocedoras de derechos.

(1) Los parlamentos se han ido convirtiendo progresivamente en auténticas cajas de resonancia de la actualidad política más inmediata. Antes eran los parlamentos los que creaban noticias, ahora, particularmente en el caso de las autonomías, los parlamentos discuten la actualidad y van reaccionando ante ella en mayor o menor medida. Esto no es algo negativo en sí mismo, seguramente es lo contrario, porque permite reconducir a la actividad institucional los problemas y contradicciones sociales que se producen en la sociedad. Pero sí que acaba trasladando a los parlamentos la inmediatez y las prisas por aportar soluciones rápidas a problemas cada vez más complejos. Los populismos se desenvuelven cómodamente con estos parámetros y acaban contagiando a las instituciones tradicionales, que, ante el riesgo

---

190. Para un botón de muestra, *vide* García-Escudero Márquez, P., *Técnica legislativa y seguridad jurídica: ¿hacia el control constitucional de la calidad de las leyes?*, Thomson-Aranzadi, Madrid, 2010; García-Escudero Márquez, P., *Manual de técnica legislativa*, Thomson-Civitas, Madrid, 2011. Para una recopilación bibliográfica actualizada sobre la cuestión, *vide* el dosier *Bibliografía sobre técnica legislativa*, Parlament de Catalunya, Dirección de Estudios Parlamentarios, Barcelona, 2021, disponible en <https://www.parlament.cat/document/recursos/46945.pdf>

de deslegitimación de su propia existencia, se esmeran por intentar dar soluciones rápidas a cuestiones a menudo complejas y que requieren de explicaciones más profundas, actuaciones más coordinadas y medidas que impliquen también un coste para la ciudadanía. La solución fácil por la que se opta a menudo es la aprobación de una ley que aparentemente se refiere a esa cuestión y que, aunque no la resuelva en absoluto, difiere hasta las próximas elecciones (o al menos, hasta el siguiente «ciclo de noticias») un problema acuciante. Esta ley «salvavidas» se aprueba habitualmente con prisas, sin los análisis adecuados y en forma de medidas de impulso al gobierno, que tendrá las manos libres para actuar en un sentido u otro[191].

(2) Por otra parte, llega un punto en que se produce un cierto agotamiento de las cuestiones más novedosas que hay que legislar *ex novo*, éstas se vuelven más limitadas y esporádicas. No siempre hay que construir una nueva administración, una distribución territorial del poder o una autonomía. Es decir, el agotamiento de las cuestiones que hay que legislar, hay que dedicarse a perfeccionar normas existentes, revisar algunas cuestiones e, incluso, derogar normas y esto tiene menos réditos políticos. En el caso de los parlamentos autonómicos esto esta situación es particularmente visible. Resulta complicado encontrar «nuevos temas» que permitan al gobierno de turno mantener o recuperar la iniciativa mediática y esto hace que los gabinetes de prensa adquieran una importancia mayúscula a la hora de proponer vías de actuación más creativas que presenten al ejecutivo como útil frente a la opinión pública. El resultado es que

---

191. Van Santen, R.; Helfer, L.; Van Aelst, P., «When politics becomes news: An analysis of parliamentary questions and press coverage in three West European countries», *Acta Politica*, Vol. 50, 2015, pp. 45-63; Strömbäck, J., «News seekers, news avoiders, and the mobilizing effects of election campaigns: Comparing election campaigns for the national and the European parliaments», *International Journal of Communication*, Vol. 11, 2017, pp. 237-258; Jansen, A. S.; Eugster, B.; Maier, M.; Adam, S., «Who drives the agenda: Media or parties? A seven-country comparison in the run-up to the 2014 European Parliament elections», *The International Journal of Press/Politics*, Vol. 24/1, 2019, pp. 7-26; Schwalbach, J., «Going in circles? The influence of the electoral cycle on the party behaviour in parliament», *European Political Science Review*, Vol. 14/1, 2022, pp. 36-55.

aumenta el número de leyes de condecoración, de impulso político y de reconocimiento de situaciones y colectivos. Es, además, revelador observar cómo los analistas políticos miden la laboriosidad o no de un gobierno y, por ende, su utilidad y éxito en número de leyes aprobadas, de suerte que un gobierno que aprueba pocas leyes sería un gobierno inútil y uno que aprueba muchas es tremendamente beneficioso para la ciudadanía[192].

(3) En tercer lugar, hay que señalar la tendencia, particularmente intensa en los Estados sociales de Derecho, a aprobar un sinfín de normas que «crean derechos». Las leyes crean derechos y por tanto los gobiernos tienen que estar aprobando leyes continuamente para garantizar los derechos de sus ciudadanos. De lo contrario no son buenos gobiernos. Así, una vez más, un gobierno que no aprueba leyes es un gobierno perezoso o reaccionario. En el caso de las Comunidades Autónomas, como se sabe, éstas ejercen competencias que implican, esencialmente, el desarrollo del llamado Estado social y por tanto centran sus esfuerzos en la gestión del gasto público. Esto hace que sus parlamentos centren sus debates en estas cuestiones y, con el paso del tiempo, se ha llegado a desarrollar la creencia de que toda medida de gasto público o «subvencional» implica, en definitiva, la consagración de un derecho. De forma que se equipara gasto público con derechos subjetivos. Para los grupos y partidos que concurren periódicamente a las elecciones, y con independencia de su adscripción ideológica, resulta mucho más fácil articular un discurso político en torno al «aumento de derechos» vinculado al aumento del gasto público que frente a otras alternativas. En este contexto, se producen grandes incentivos para que los parlamentos aprueben constantemente leyes que parece que están otorgando derechos,

---

192. BRÄUNINGER, T.; DEBUS, M., «Legislative agenda-setting in parliamentary democracies», *European Journal of Political Research*, Vol. 48, 2009, pp. 804-839; BRUNNER, M., *Parliaments and legislative activity: Motivations for bill introduction*, Springer, Wiesbaden, 2012; JACKMAN, M. C., «Parties, median legislators, and agenda setting: How legislative institutions matter», *The Journal of Politics,* Vol. 76/1, 2014, pp. 259-272; JENKINS, J. A.; MONROE, N. W., «On Measuring Legislative Agenda-Setting Power», *American Journal of Political Science*, Vol. 60/1, 2016, pp. 158-174.

cuando en realidad mencionan políticas públicas que el gobierno desarrollará (o no), mecanismos de otorgamiento de subvenciones (luego de la correspondiente convocatoria en manos gubernamentales) u objetivos y principios ya mencionados en la Constitución como el lograr una igualdad real y efectiva del individuo y de los grupos en que se integra[193].

5.2. El coste económico de las leyes semánticas

Sería un tanto ingenuo pensar que las leyes semánticas son simplemente un fenómeno propio de nuestro tiempo y que resulta neutro en el día a día de la ciudadanía. Al contrario, no solamente afectan a la seguridad jurídica, complicando sobremanera el entendimiento del Derecho aplicable y su interpretación, sino que ya simplemente la falta de una buena técnica legislativa hace que los tribunales encuentran cada vez más dificultades para interpretar un maremágnum de leyes y normas que resultan ambiguas, poco claras o que, simplemente, adolecen de defectos y errores. Esta situación no solamente provoca molestias o incomodidades a los ciudadanos o a los funcionarios públicos que han de aplicarlas, sino que tienen un impacto muy concreto en la actividad de las empresas y en el crecimiento económico[194].

---

193. CHILTON, A.; VERSTEEG, M., «Rights without resources: the impact of constitutional social rights on social spending», *The Journal of Law and Economics*, Vol. 60/4, 2017, pp. 713-748; FACCHINI, F., «What Are the Determinants of Public Spending? An Overview of the Literature», *Atlantic Economic Journal*, Vol. 46, 2018, pp. 419-439; SCHUKNECHT, L., *Public spending and the role of the state: history, performance, risk and remedies*, Cambridge University Press, 2020, pp. 155-178; KEEFER, P.; SCARTASCINI, C. G.; VLAICU, R., «Voter preferences, electoral promises, and the composition of public spending», *IDB Working Paper Series*, No. IDB-WP-1123, 2020; TOUBEAU, S.; VAMPA. D., «Adjusting to austerity: the public spending responses of regional governments to the budget constraint in Spain and Italy», *Journal of Public Policy*, Vol. 41/3, 2021, pp. 462-488; GOULD, J. S.; POZEN, D. E., «Structural Biases in Structural Constitutional Law», *New York University Law Review*, Vol. 97 (April), 2022, pp. 59-136.

194. Por no hablar de los excesos del legislador en materia penal, donde demuestra cierta tendencia a ir más allá del principio de intervención propio de este ámbito. Para un estudio reciente sobre esta cuestión, *vide* BENITO SÁNCHEZ, D., «La protección penal de la competencia: ¿ejemplo de exceso punitivo?», *Anales de la Cátedra Francisco Suárez. Protocolo I*, núm. Extra 1, 2021, pp. 181-209.

En un interesante estudio sobre el coste económico de las leyes ambiguas en el que se han manejado metodologías de análisis cuantitativo en el caso italiano, sus autores han concluido que la mala técnica legislativa aumenta considerablemente la probabilidad de sentencias contradictorias por parte de los tribunales de justicia. Además, sus autores demostraron que un incremento de la inseguridad jurídica disminuye el crecimiento y la inversión. El coste económico de la inseguridad jurídica descrita en el estudio se ha llegado a cifrar en 5 puntos del PIB. Es decir, que el «el PIB italiano sería casi un 5 % mayor si todas las leyes se redactaran según los estándares de la Constitución italiana, y que la disminución en la calidad de la redacción observada en las últimas dos décadas explica aproximadamente dos tercios de esta brecha»[195].

5.3. La recuperación de la teoría de la elección pública

Ante esta situación, parece cada vez más necesario incluir en los análisis propios del Derecho constitucional la llamada teoría de la elección pública. Esta teoría, ya convertida en un área de la economía, se desarrolló a partir del análisis de modelos impositivos y de gasto público en EE UU. Esta corriente emplea los mismos principios que los economistas usan para analizar los comportamientos de los consumidores y oferentes en los mercados y los aplica a la actuación de electores, cargos representativos y altos funcionarios, concretamente al estudio de los procesos de toma de decisiones colectivas y a la ejecución de tales decisiones. Es decir, se emplean metodologías propias de la economía para analizar problemas de las ciencias políticas. En realidad, esta construcción rechaza la idea de que los cargos públicos (en nuestro caso diputados y altos cargos) sólo persiguen el interés público y asume que, en realidad, actúan también en favor de sus propios intereses. El interés fundamental de estos «políti-

---

195. Giommoni, T.; Guiso, L.; Michelacci, C.; Morelli, M., «The Economic Costs of Ambiguous Laws», *CESifo Working Papers*, núm. 11929, junio 2025, p. 40, disponible en <https://www.ifo.de/DocDL/cesifo1_wp11929.pdf>.

cos», a los que los representantes de este movimiento añaden los altos funcionarios, sería mayoritariamente permanecer en el cargo e, incluso, ascender en la escala político-institucional. Por tanto, las decisiones que adopten estarán dirigidas a lograr esa permanencia, es decir, su reelección y, en su caso, a lograr un ascenso[196]. Del mismo modo, esta teoría también se centra en el análisis de la conducta y los incentivos que consideran los votantes a la hora de ejercer su derecho de sufragio, es decir, qué les mueve a votar en un sentido u otro. Es cierto que esta teoría tiene un encaje más claro en una sociedad como la estadounidense, más individualista, con votantes que siguen realmente patrones de comportamiento asimilables a los consumidores y con cargos de elección que dependen más de sí mismos que de sus partidos para lograr el puesto. La teoría ha sido también ampliamente criticada por no explicar adecuadamente lo que moviliza el cambio de apoyo o las verdaderas razones del comportamiento de los votantes. Pero sí que aporta elementos que son de gran interés para realizar un análisis más profundo de los principales problemas que afectan a nuestro sistema representativo y del que estas mutaciones que se producen en la ontología de las leyes es sólo un botón de muestra[197].

6. Epílogo

Este trabajo busca llamar la atención sobre las mutaciones que está sufriendo el concepto tradicional de ley, en tanto

---

196. BUCHANAN, J. M.; TULLOCK, G., *The Calculus of Consent: Logical Foundations of Constitutional Democracy*, Ann Arbor Paperbacks, University of Michigan, 1965; MUELLER, D. C., «Public Choice: A Survey», *Journal of Economic Literature*, Vol. 14/2, 1976, pp. 395-433; ROWLEY, C. K. (Ed.), *Public choice theory*, Elgar, Brookfield, 1993 (2 Vols.).

197. Para una síntesis de las críticas en un reciente artículo, *vide* PRESSMAN, S., «What is wrong with public choice», *Journal of Post Keynesian Economics*, Vol. 27/1, 2004, pp. 3-18. En todo caso, los defensores de esta teoría reconocen desde el principio que es difícil predecir el comportamiento exacto de los votantes y que esto es una debilidad importante de esta teoría que, sin embargo, no la refuta. Así, *vide* TULLOCK, G. *Towards a Mathematics of Politics*, Ann Arbor Paperbacks, University of Michigan, 1967; TULLOCK, G., «A Simple Algebraic Logrolling Model», *The American Economic Review*, Vol. 60/3, 1970, pp. 419-426.

que norma jurídica, de alcance general, que establece una regulación muy meditada destinada a garantizar un marco mínimo de normas que garanticen la libertad y la igualdad de los ciudadanos, desde las más altas cotas de seguridad jurídica, eficacia y eficiencia.

La conclusión fundamental consiste en que la evolución en la ontología de la ley, o de las leyes, se debe no tanto a una pérdida de la capacidad técnica de los miembros de las cámaras legislativas, sino más bien a fenómenos exógenos al proceso parlamentario en sentido estricto, como son los intereses de los parlamentarios y de los partidos y opciones políticas en las que estos se inscriben para aumentar su representación y lograr el poder, o una cuota del mismo. Los actores políticos y las instituciones, particularmente los parlamentos, harían bien en tener en cuenta las consecuencias del exceso de normas no solamente en lo que afecta a la seguridad jurídica en general sino, también, como se ha visto en lo que supone de pérdida de coste de oportunidad y de impacto negativo en la economía de un país.

Mientras tanto, el parlamento será el foro de discusión pública por excelencia, pero también una institución que irá adaptando su funcionamiento y sus resultados (es decir, las leyes) al cruce de intereses entre representantes y representados. La fuerte disciplina que las direcciones de los partidos establecen sobre sus cargos públicos, el propio sistema proporcional y el intenso papel del Estado en la configuración de la sociedad y del estatuto de los ciudadanos impide una traslación lineal de la teoría de la elección pública tal y como ha sido desarrollada en EE UU. Sin embargo, tanto la esencia de dicha teoría como gran parte de sus postulados, convenientemente adaptados a las variables del caso español, ayudan a entender mejor algunos comportamientos y tendencias que están provocando una mutación en la propia concepción de lo que es una ley y en las bases de nuestra democracia representativa.

CAPÍTULO V

VINO NUEVO EN ODRES VIEJOS: PODER, RELATOS Y *«FAKE NEWS»*

1. Introducción

Este capítulo analiza el fenómeno de las *fake news*, en el contexto de lo que se ha dado en llamar la posverdad política, como instrumentos al servicio de grupos que se disputan el poder. La tesis principal que se defiende consiste en que esta realidad no es tan novedosa, sino que forma parte de los mecanismos que utilizan los grupos de poder para lograr la adhesión a su proyecto político y generar el consenso suficiente que les permita obtener la autoridad necesaria para dominar a otros o, en su caso, gobernar.

Lo que sí ha contribuido a impulsar el crecimiento y difusión de las noticias falsas ha sido la digitalización del espacio informativo, el aumento de las plataformas on-line, su fácil accesibilidad y el cambio de hábitos de la ciudadanía que recurre a redes sociales y similares para compartir y recibir información, prescindiendo cada vez más de los medios tradicionales. De esta manera, los mecanismos que antaño filtraban las noticias o establecían mecanismos de rectificación o exigencia de responsabilidad han cambiado. En realidad, han sido superados por el tsunami digital en el que el consumidor de información es también difusor de la misma e, incluso, productor de noticias.

Para ello, este capítulo comienza con análisis contextualizado de los elementos que integran y justifican el poder político. A continuación, se revisan conceptos que a menudo se confunden o solapan como las narrativas políticas, la posverdad y, finalmente, las llamadas *fake news*.

La finalidad fundamental del trabajo consiste en la desmitificación conceptual de este fenómeno, no tan novedoso, y que ha de ser enfrentado desde la responsabilidad colectiva, una ciudadanía bien informada (o con posibilidades de estarlo) y la lucha contra la polarización política.

2. La justificación del poder político

2.1. La problemática definición del poder

Definir lo que entendemos por «poder» no es tarea sencilla. Si bien toda la vida social está, en el fondo, relacionada con la política, no todo lo político en sentido estricto se debe confundir con cualquier tipo de relación social. Así, hay una serie de elementos que permiten fijar las particularidades y las diferencias entre lo político y lo social. Estas notas son: el poder, la ideología y el Derecho[198].

Toda ciencia social ha de partir de los datos empíricos. El poder, sin embargo, no es un dato empírico, no existe en la realidad, sino que existen, en cambio, «poderes» en plural. A pesar de esto, se habla del poder, y al decir que el poder existe y que, en su caso, pertenece a la Nación, al Estado o al Derecho, se está impidiendo ver la realidad del poder. Es decir, que el poder es una relación interhumana o social y que, por tanto, la estructura de la sociedad es un conjunto de poderes reales, individuales y de grupos. Como lo que importa es conocer la realidad, los poderes reales, hay que partir de que la idea del Poder de la Nación o del Estado expresa el resul-

---

198. Para uno de los trabajos más citados sobre este particular, *vide*, DAHL, R. A. «The concept of power», *Behavioral science*, Vol. 2/3, 1957, pp. 201-215. Igualmente, LYNCH, R., «Foucault's theory of power», TAYLOR, D. (Ed.), *Michel Foucault*, Acumen, Durham, 2011, pp. 13-26. En esta sección se seguirá, el esquema general empleado por GONZÁLEZ CASANOVA, J. A., *Teoría del Estado y Derecho Constitucional*, 2.ª ed., Vicens-Vives, Barcelona, 1982, especialmente, pp. 28-32.

tado de la interacción poderes concretos y específicos, cuyo análisis forma parte de los estudios la Ciencia Política[199].

A partir de los diferentes significados atribuidos al término «política», es posible avanzar hacia una definición del concepto de «poder». En un primer nivel, la política puede entenderse como toda acción individual orientada a la consecución de un proyecto personal. Desde esta perspectiva, cualquier acción humana que se desarrolla en el ámbito de las relaciones sociales implica ejercer un poder; dicho de otro modo, toda interacción social supone una forma de poder sobre el otro y, por tanto, una manifestación de poder de dirección o gobierno. Un ejemplo claro de ello sería la fundación de una pequeña empresa. En un segundo nivel, la política se concibe como el conjunto de vínculos sociales que configuran la estructura de una sociedad determinada, lo que equivale a un régimen o sistema de poderes concretos. Aquí se observa la transición desde el autogobierno individual a la interacción entre varias personas, lo que da lugar a un colectivo más o menos cohesionado. Un caso típico podría ser un grupo de deportistas o de estudiantes dentro de un instituto o una universidad, donde aparece un liderazgo definido. Finalmente, en tercer lugar, el resultado de ese sistema de poderes es la sociedad real, política o suprema, en la cual cristaliza el sistema de interacciones previamente descrito, fruto también de la necesidad. La *politeia* (que hoy denominamos Estado), concebida como comunidad política ideal, sería aquella capaz de articular las distintas formas de poder, ordenarlas y armonizarlas, resolviendo los conflictos que surjan entre ellas mediante mecanismos institucionalizados[200].

En síntesis, el poder es una relación entre poderes y el poder político debe ser una relación entre todos los pode-

---

199. Sobre esta cuestión, *in extenso*, COT, J. P.; MOUNIER, J. P., *Sociología política*, Blume, Barcelona, 1978; JOUVENEL, B., *El poder*, Editora Nacional, Madrid, 1974; VALLÈS, J. M.; MARTÍ PUIG, S., *Ciencia política: una introducción*, 6.ª ed., Ariel, Barcelona, 2007.

200. En síntesis, estos tres sentidos del término política serían: política desde un punto de vista individual, política como régimen y entidad política como tal. Esta cuestión ha sido tratada con más detenimiento en GORDILLO PÉREZ, L. I. (Dir.), *Una teoría del Estado constitucional europeo*, 4.ª ed., Athenaica, Sevilla, 2023, pp. 35-52.

res, cuyas contradicciones se solventen a través de mecanismos tendencialmente institucionales. Idealmente, ésa es la tarea que, en última instancia, ha de asumir el Estado, a través de sus distintos órganos. Sin embargo, como se irá comprobando, la tendencia actual consiste en emplear las instituciones del Estado simplemente para refrendar un acuerdo político que se ha adoptado en otras instancias, lo cual debilita a las propias instituciones, refuerza a los verdaderos detendadores del poder (como las direcciones de los partidos) y erosiona también la propia autoridad del sistema en cuanto tal, es decir, su credibilidad e incluso su utilidad[201].

2.2. La tensión en la naturaleza del poder: persuasión, autoridad y consenso

Tanto la teoría del poder en general como esta específica cuestión dedicada a la tensión entre coerción y consenso en el seno del poder es aplicable no sólo al Estado, sino a cualquier realidad social, incluida la vida interior de un partido político. El poder hegemónico será el poder consensual, el que finalmente es aceptado por todos como el legítimo. Pero para llegar ahí, para transtir de un proyecto o de un poder de coerción inicial a un poder de consenso, es fundamental el elemento denominado «autoridad» que, como se verá a continuación, se logra a través de la persuasión[202].

Retomemos, brevemente, los conceptos ·básicos de la teoría del poder. Las relaciones sociales son, en el fondo, relaciones de poder y las personas ejercen poder unas sobre otras. Normalmente, esas relaciones son de consenso, es decir, aceptadas pacíficamente por todos de manera voluntaria, pero a veces, puede haber algún elemento que lleve a ciertas personas a aceptar contra su voluhtad la domi-

---

201. Para un estudio que profundiza en esta cuestión y presenta algunas explicaciones sobre la verdadera naturaleza de las instituciones, *vide* MOE, T. M., «Power and Political Institutions», *Perspectives on Politics*, Vol. 3/2, 2005, pp. 215-233.

202. TURNER, J. C., «Explaining the nature of power: A three-process theory», *European Journal of Social Psychology*, Vol. 35, 2005, pp. 1-22.

nación que otras ejercen sobre ellas. En este sentido, las relaciones de poder pueden reconducirse a dos categorías básicas: poder de coerción y de consenso. La diferencia entre ambas radica en lo que podemos denominar el «proyecto», es decir el para qué se quiere ejercer el poder. Este proyecto es compartido en el caso del poder de consenso y, sin embargo, es impuesto en el caso del poder de coerción. Además, la fuerza, es decir, los elementos que se emplean para doblegar la voluntad de los dominados también poseen un papel distinto. En el caso del poder de coerción habrá una fuerza intensa, injusta y predominante, mientras que en los supuestos de poder de consenso la fuerza será justificada y no predominante, es decir, que no hay que ejercer realmente la coacción[203].

La gran cuestión sería, pues, qué convierte a un poder cualquiera en un poder de consenso, en un poder aceptado pacíficamente. La respuesta está en la capacidad de persuasión del propio poder, es decir, en su habilidad para convecer y originar, por tanto, una creencia extendida y aceptada sobre su derecho a mandar. Ése poder, aquél que logre el consentimiento, será el poder legítimo. Por todo ello, el poder político debe ser legítimo, es decir, debe ser un poder que cuente con el consentimiento de quienes lo experimentan[204].

Otro de los problemas que nos encontramos al analizar el poder consiste en que las relaciones entre las personas resultan habitualmente ambiguas. Es decir, hay situaciones o relaciones de poder en las que existe un alto componente de consenso, pero puede quedar algún componente de coerción menor. En realidad, coerción y consenso suelen convivir en toda relación de dominación y es aquí donde aparece un nuevo concepto: la autoridad. La autoridad supone la superación de la ambigüedad, bien hacia el poder consensual (si hay autoridad), bien hacia la coerción y la fuerza bruta (si no hay autoridad). El poder será un poder con autoridad si

---

203. *Vide, in extenso,* HAUGAARD, M.; LENTNER, H. H. (Eds.), *Hegemony and power: consensus and coercion in contemporary politics*, Lexington Books, London, 2006.

204. DOWDING, K., «Power and Persuasion», *Political Studies*, Vol. 64/1, April (Suppl), 2016, pp. 4-18.

cumple dos condiciones acumulativamente: ser razonado y ser razonable. Será un poder razonado si estamos en una situación en la que el gobernante (por concretar al titular del ejercicio del poder) explica, argumenta y justifica sus decisiones. Además, un poder será razonable si las razones, las argumentaciones que esgrime ante los gobernados están basadas en las creencias compartidas por la mayoría de la población. Por ello, la autoridad varía de sujeto en una misma entidad política a lo largo de los años: unas veces la tiene un grupo, otras veces otro, según quién sea en cada momento histórico un poder razonado y razonable[205].

2.3. El papel de la ideología

Un aspecto que conviene destacar en este estudio es el papel que desempeña la ideología —entendida es este apartado como cultura dominante— en su vinculación con las diversas formas de poder, y en particular con el poder supremo del Estado, que se identifica con la soberanía. En primer lugar, debe recordarse que el ser humano despliega su libertad y alcanza su realización personal a través de las prácticas de autogobierno individual. Sin embargo, todo ejercicio de autogobierno, al hacerse efectivo, implica necesariamente una limitación respecto del otro. De ahí que el autogobierno, concebido por algunos como «poder de liberación», pueda aparecer para otros como una restricción de la libertad ajena, es decir, como un «poder de dominación»[206]. Para garantizar una convivencia social mínimamente estable y pacífica, resultaría, así, imprescindible fijar un límite político al ejercicio del autogobierno. Dicho límite viene impuesto por la ideología compartida, esto es, por el conjunto de creencias y valores que conforman la cultura común. De ello se sigue que el poder político —en la actua-

---

205. Haugaard, M., «What is authority?», *Journal of classical sociology*, Vol. 18/2, 2018, pp. 104-132.

206. Sobre la dicotomía poder de liberación-poder de coerción, *vide* Noguera Fernández, A., «La teoría del Estado y del poder en Antonio Gramsci: claves para descifrar la dicotomía dominación-liberación», *Nómadas. Critical Journal of Social and Juridical Sciences*, Vol. 29/1, 2011, pp. 1-20.

lidad, el poder del Estado— es también un poder ideológico, en la medida en que se asienta sobre esa base cultural y axiológica destinada, en última instancia, a asegurar la convivencia. En lo que sigue, procederemos a examinar los distintos componentes de esta relación.

En primer término, es necesario abordar las notas definitorias de la ideología. Tradicionalmente, el concepto de ideología ha sido entendido como una visión global del mundo, una concepción totalizadora y ordenadora que logra difundirse entre la mayoría de los miembros de una comunidad. Esta visión cumple una función precisa: legitima y sostiene los poderes sociales, al tiempo que brinda protección al propio individuo en la medida en que actúa como un límite frente al ejercicio del poder. De este modo, la ideología se configura como un elemento de cohesión y de preservación del grupo social. A su vez, del hecho de que se crea en la justificación del poder dominante y de que se acepte voluntariamente esa dominación, se sigue que el poder de coerción se transforme en poder de consenso. En definitiva, la ideología no debe considerarse una mera ficción o apariencia, sino la expresión culminante de un poder práctico y efectivo de organización social, en el cual se entrelazan las dimensiones de dominación y de dirección[207].

En segundo lugar, resulta pertinente analizar el concepto de poder hegemónico, que constituye, en última instancia, la expresión del poder de la *politeia*, es decir, del Estado. Este poder puede definirse como aquella forma de dominación social que logra presentarse y ser asumida como un poder de consenso y de dirección de la comunidad. El ejemplo paradigmático lo encontramos en el papel desempeñado por la burguesía durante la Revolución francesa. El poder hegemónico tiende, además, a sacralizarse mediante la acción del grupo dominante, que lo idealiza y lo reviste de legitimidad simbólica. De este modo, dicho grupo logra convertirse en un referente casi trascendente —baste recordar la divinización

---

207. Sobre el concepto de ideología, *vide* Roucek, J. S., «A History of the Concept of Ideology», *Journal of the History of Ideas*, Vol. 5/4, 1944, pp. 479-488; Lichtheim, G., «The Concept of Ideology», *History and Theory*, Vol. 4/2, 1965, pp. 164-195.

de reyes y emperadores— que encarna un poder soberano y supremo, erigiéndose en fuente originaria de los demás poderes y en el principio legitimador que los sostiene en su conjunto. El poder hegemónico —también denominado soberano, supremo u oficial— se ejerce mediante la acción colectiva y organizada de los grupos sociales dominantes, tales como, en distintos momentos históricos, el partido comunista en la Unión Soviética, la burguesía o la aristocracia. Este poder no solo asegura el control político, sino que genera legitimidad y autoridad, en la medida en que logra suscitar la convicción de que posee el derecho a ejercer la dominación, convicción que es asumida por los propios dominados. En último término, el poder hegemónico alcanza un grado superior de eficacia precisamente cuando se encuentra más difuso en el seno del bloque en el poder o del bloque dominante[208].

El poder hegemónico o, mejor, los poderes hegemónicos, por tanto, son aquellos que crean seguidores a través del consentimiento. Surgen del consenso que se genera a resultas de la acumulación de dos factores: la ilusión y la confianza. Así, en primer lugar, el poder hegemónico se consolida a través de mecanismos de ilusión colectiva —como la euforia social, los fenómenos de masas o el entusiasmo generalizado—, es decir, mediante un proceso de encantamiento que lo presenta como la expresión del poder de toda la comunidad. En este punto resulta especialmente relevante la función desempeñada por los intelectuales en la configuración de lo que la doctrina ha denominado el «Estado naciente», característico de todo movimiento social y, de manera particular, de los movimientos de carácter revolucionario. En segundo término, el poder hegemónico requiere generar confianza en las promesas de resultados que formula. Dicho de otro modo, su legitimidad se mide también por la capacidad de proyectarse como un

---

208. POULANTZAS, N., *Poder político y clases sociales en el Estado capitalista*, 30.ª ed., Siglo XXI, México 2007 (primera edición en francés 1968), especialmente, pp. 295-327; HAUGAARD, M., «Power and Hegemony in Social Theory», HAUGAARD, M.; LENTNER, H. H. (Eds.), *Hegemony and power: consensus and coercion in contemporary politics*, Lexington Books, London, 2006 pp. 45-64.

poder eficaz, capaz de producir efectos tangibles y satis-factorios para la comunidad[209].

En este sentido, la pérdida del poder hegemónico se pro-duce por la combinación de dos factores: la desaparición de la ilusión y la pérdida de eficacia. El primero de ellos, la pér-dida de ilusión o el desencanto, tiene lugar cuando un grupo social dominante deja de desempeñar una función dirigente, es decir, cuando pierde el consenso porque su ideología ya no legitima el poder ni ofrece un proyecto capaz de ser asumido por la mayoría. El segundo factor, la pérdida de eficacia, se manifiesta cuando los intereses particulares del grupo domi-nante dejan de coincidir con los intereses de la comunidad en su conjunto. Así, por ejemplo, en la época de la Revolución francesa, los intereses de la monarquía, la Iglesia y la aris-tocracia dejaron de representar el interés general, mientras que la burguesía sí logró encarnarlo. De ello se desprende que la conservación del poder hegemónico exige sostener simultáneamente ilusión y eficacia. La primera, por su pro-pia naturaleza, tiende a debilitarse con el paso del tiempo, lo que obliga a la clase dominante a llevar a cabo procesos de renovación —ya sea de liderazgo, de proyecto político o de ambos— que resulten aceptables para los gobernados. La segunda, la eficacia, debe preservarse de manera cons-tante, pues constituye la verdadera clave de bóveda para la pervivencia del poder hegemónico en el largo plazo. Si en los momentos iniciales de un proceso político la ilusión resulta determinante, pronto se hace imprescindible que vaya acom-pañada de la eficacia, la cual deviene condición esencial para su mantenimiento duradero[210].

En fin, cabe concluir que las relaciones sociales son ambi-guas y complejas. En efecto, conviene recordar que en la Historia no suele haber rupturas radicales, ni cambios brus-cos, y que las etapas más o menos largas de consenso se

209. ALBERONI, F., *Movimiento e Institución. Teoría General*, Editora Nacional, Madrid, 1984; WEBER, M., *Economía y Sociedad,* Fondo de Cultura Eco-nómica, Madrid, 2002 (primera edición en alemán, 1922), pp. 695-938.

210. Para un interesante trabajo sobre esta cuestión, *vide* WEISSBERG, R., «Political Efficacy and Political Illusion», *The Journal of Politics*, Vol. 37/2, 1975, pp. 469-487.

deben a la habilidad de las clases dominantes por lograr la adhesión social a su proyecto político. Vista desde el punto de vista de las relaciones de poder, la Historia no consiste simplemente en una sucesión de disputas y choques entre grupos que pugnan por el poder, sino que también es una historia de alianzas, colaboraciones y pactos entre dominantes y dominados. La coerción y el consenso se encuentran siempre en las relaciones de poder. El desencanto político por parte de la ciudadanía facilita, en última instancia, los modelos de dominación a través de la coerción y son habituales en momentos de tránsito del poder, de cambio de unos grupos a otros, que han conseguido persuadir a un grupo más compacto que se acaban imponiendo en la lucha por el poder[211].

3. Narrativas y relatos: la posverdad de las *fake news*

En el apartado anterior se ha visto cómo son las dinámicas de acceso y conservación del poder. En el marco desarrollado, y tal y como ha sido analizado anteriormente, resulta esencial que la población esté bien informada para poder ser crítica con los grupos dominantes, adoptar decisiones informadas y favorecer épocas de consenso social. Y aquí es donde, en la actualidad, han proliferado dos mecanismos de persuasión por parte de los grupos que se disputan el poder y que pretenden ajustar la realidad al poder y no al revés. Se trata de elementos propios de un contexto que se ha dado en llamar el de la post-verdad y en el que es necesario identificar una serie de factores fundamentales: la llamada «narrativa política» o simplemente el «relato», la posverdad y las conocidas como *«fake news»*.

---

211. Roy, W. G., «Class conflict and social change in historical perspective», *Annual Review of Sociology*, Vol. 10/1, 1984, pp. 483-506; Roy, W. G., «Class Conflict and Social Change in Historical Perspective», *Annual Review of Sociology*, Vol. 10, 1984, pp. 483-506; Brustein, W., «Class conflict and class collaboration in regional rebellions, 1500 to 1700», *Theory and Society. An Interdisciplinary Social Science Journal*, Vol. 14, 1985, pp. 445-468.

3.1. Del relato a la posverdad

La capacidad del relato de estructurar la percepción de los hechos y, en consecuencia, de incidir en la construcción social de la realidad es un fenómeno que, aunque no es del todo novedoso, se viene analizando con especial interés en los últimos años. Así, la narrativa política no se limita a un plano estrictamente conceptual, sino que se configura como un recurso estratégico al servicio de los actores políticos, que la utilizan para orientar las visiones de los individuos y para reconfigurar las relaciones entre los distintos grupos sociales. El efecto de este mecanismo es que la ficción adquiere la fuerza de un hecho y los mitos se integran en el discurso público, operando como elementos constitutivos de la experiencia política compartida. Su eficacia radica, además, en la apelación a la dimensión afectiva de las personas, de manera que la influencia del relato no depende tanto de la correspondencia con la verdad empírica como del valor simbólico y emocional que proyecta[212].

En este marco, resultan especialmente útiles las llamadas meta narrativas, que pueden entenderse como un relato integrador que articula y subsume narrativas históricas parciales, ofreciendo a la comunidad una forma de legitimación en virtud de la proyección hacia la realización futura de un proyecto u objetivo final que, sin embargo, todavía no se ha alcanzado. Su eficacia simbólica radica, precisamente, en dotar de coherencia y sentido teleológico a fragmentos dispersos de la experiencia histórica, presentándolos como momentos necesarios o fases específicas en el despliegue de un proyecto político o cultural de mayor alcance. A través de ellas, se construyen relatos históricos revestidos de grandeza, en los que se articulan discursos de progreso, desarrollo o expansión que legitiman determinados proyectos políticos y contribuyen a consolidar marcos de interpretación compartidos[213].

---

212. Patterson, M.; Renwick Monroe, K., «Narrative in political science», *Annual review of political science*, Vol. 1/1, 1998, pp. 315-331; Shenhav, S. R., «Political Narratives and Political Reality», *International Political Science Review*, Vol. 27/3, 2006, pp. 245-262.

213. Sobre el concepto de meta narrativas, *vide* Lyotard, J.-F., *La condition postmoderne: rapport sur le savoir*, Minuit, Paris, 1979, especialmente, pp. 54-62.

De esta manera, de la corriente filosófica bautizada como posmodernismo, centrado en la crisis de los metarrelatos y en la crítica a los conceptos universales de verdad, razón y progreso, ha surgido una categoría más reciente, más descriptiva que crítica, y que alude al fenómeno político-cultural en el que la verdad pierde del todo su relevancia frente a las emociones, las creencias o las identidades. Así, la noción de posverdad aplicada específicamente a la política —denominada también política post-factual o post-realidad— designa un estadio reciente de la cultura política caracterizado por la incertidumbre social en torno a la aceptación pública de los hechos como base de la deliberación democrática. Este marco conceptual pone de relieve que la distinción social (no necesariamente científica o filosófica) entre verdad y falsedad, así como entre sinceridad y mentira, se ha convertido en un eje central de la vida política contemporánea, con un papel determinante en la configuración de las dinámicas de poder en el siglo XXI[214].

Se reconoce, además, que este fenómeno se encuentra fuertemente condicionado por las transformaciones derivadas de las nuevas tecnologías de comunicación y de los medios digitales. En todo caso, ya sea una consecuencia del posmodernismo o una versión filosóficamente edulcorada de la misma cuestión, lo cierto es que, en tanto que fenómeno eminentemente mediático, la política posverdad ha sido abordada desde la teoría de la comunicación como un modo de «producción de verdad» caracterizado por prácticas como la difusión intencional de rumores, la manipulación discursiva, las teorías conspirativas y las denominadas *fake news*. Se trata, en todo caso, de modalidades de comunicación estratégica —con antecedentes en la propaganda bélica, en las prácticas de seguridad y en la publicidad comercial— cuya función no es accidental sino deliberada,

---

214. Sobre el posmodernismo, además de la obra de LYOTARD, *vide* HICKS, S. R. C., *Explaining postmodernism: Skepticism and socialism from Rousseau to Foucault*, Scholargy Publishing, Tempe, 2004; SMITH, J. K. A., *Who's Afraid of Postmodernism?(The Church and Postmodern Culture): Taking Derrida, Lyotard, and Foucault to Church*, Baker Academic, Grand Rapids, 2006.

orientada a moldear percepciones y a legitimar agendas políticas específicas[215].

La emergencia de la política posverdad encuentra además sustento en un contexto de creciente desconfianza hacia instituciones fundamentales —partidos políticos, gobiernos, medios de comunicación tradicionales y redes sociales—, en paralelo con la facilidad técnica para generar contenidos con apariencia de veracidad periodística. Esta desconfianza se intensifica en escenarios de polarización partidista, donde los actores políticos rechazan de manera sistemática las fuentes vinculadas a sus adversarios. De ahí que la posverdad se configure no como negación de los hechos en sí, sino como expresión de la ansiedad colectiva respecto de la fragilidad de los consensos fácticos sobre los que se edifican, no ya los proyectos políticos, sino la propia democracia contemporánea[216].

3.2. El auge de las *fake news*

Así pues, en el contexto descrito, el objeto fundamental que los actores políticos y sus *proxys* emplean son las llamadas «*fake news*» o noticias falsas que han encontrado un terreno fértil para multiplicarse a una velocidad sin precedentes. Las plataformas sociales y los medios digitales han permitido que cualquier usuario pueda convertirse en creador y distribuidor de contenido. Sin embargo, este acceso democratizado a la información también ha dado lugar a la proliferación de noticias falsas, un fenómeno que, según muchos, puede socavar los cimientos de las sociedades democráticas[217].

---

215. FISHER, W. R., *Human Communication as Narration: Toward a Philosophy of Reason, Value, and Action*, University of South Carolina Press, Columbia, 1987; KALPOKAS, I., *A political theory of post-truth*, Springer, Cham, 2018; COSENTINO, G., *Social media and the post-truth world order: the global dynamics of disinformation*, Palgrave Macmillan, Cham, 2020.

216. HARSIN, J., «Introduction. Post-truth as Globalizing Public Mood (Indefinite, Anxious, Dystopic)», HARSIN, J. (Ed.), *Re-Thinking mediations of Post-truth politics and Trust. Globality, Culture, Affect*, Routledge, New York, 2024, pp. 1-33.

217. Para una definición de «fake news», *vide* GELFERT, A., «Fake news: A definition», *Informal logic*, Vol. 38/1, 2008, pp. 84-117.

Las llamadas «*fake news*» tienen a difundirse más rápidamente, llegan a un público mayor y calan mucho más hondo entre la población interesada que las noticias veraces. Los estudios cuantitativos demuestran, además, que sus efectos son más pronunciados para las noticias políticas falsas que para las noticias falsas sobre terrorismo, desastres naturales, ciencia, leyendas urbanas o información financiera. Además, las «*fake news*» suelen ser más novedosas que las verdaderas, lo que sugiere que las personas son más propensas a compartir información novedosa[218].

Una de las principales razones del aumento de las llamadas «*fake news*» consiste en la rapidez con la que se consume y comparte la información en la actualidad. Las redes sociales priorizan la inmediatez y las interacciones por encima de la veracidad, lo que favorece la viralización de contenidos emocionales, impactantes o polémicos, independientemente de su autenticidad. Además, las «*fake news*» suelen apelar a sesgos cognitivos, como el de la confirmación de lo que ya pensamos o sospechamos, lo que lleva a las personas a creer y compartir información que refuerza sus puntos de vista previos[219].

Otra razón es la dificultad de distinguir fuentes confiables en un océano de información. La desconfianza hacia los medios tradicionales y las instituciones ha abierto la puerta a fuentes alternativas, muchas veces sin credibilidad, que amplifican informaciones erróneas o deliberadamente manipuladas. A esto se suma la monetización de los «clics», donde la creación de contenidos sensacionalistas, aunque falsos, puede ser económicamente rentables para quienes los producen[220]. En este contexto, una noticia no tiene que ser cierta, simplemente parecerlo para el grupo al que va dirigida. Las «*fake news*» pretenden aumentar la polariza-

218. Vosoughi, S.; Roy, D.; Aral, S., «The spread of true and false news online», *Science*, Vol. 359, 2018, pp. 1146-1151.

219. Pennycook, G.; Rand, D. G., «The Psychology of Fake News», *Trends in Cognitive Sciences*, Vol. 25/5, 2021, pp. 388-402.

220. Tandoc Jr, E. C., Lim; Wei Ling, Z.; Ling, R., «Defining "fake news". A typology of scholarly definitions», *Digital journalism*, Vol. 6/2, 2017, pp. 137-153.

ción, mantener la tensión y lograr así adhesiones más emocionales que racionales a determinadas causas y proyectos políticos. El sistema actual de libertades existentes en las democracias occidentales permite, por ejemplo, que potencias extranjeras puedan intentar influir en sus procesos electorales a través de ejércitos de activistas cibernéticos y de granjas de «bots»[221].

Uno de los estudios con metodologías cuantitativas más completos que se han realizado analizó 14 millones de mensajes y 400.000 artículos compartidos en la red entonces conocida como Twitter (hoy X) entre mayo de 2016 y marzo de 2017, periodo que incluye la campaña de las elecciones presidenciales de Estados Unidos. En este trabajo, los autores demostraron que los patrones de viralidad de los contenidos de baja credibilidad son similares o incluso superiores a los de artículos de verificación de hechos, lo que implica que el alcance de la desinformación es masivo. Sin embargo, la forma de difusión presentaba particularidades: la propagación de la desinformación dependía fuertemente de los conocidos como «*super-spreaders*», cuentas que comparten masivamente artículos, muchas de ellas clasificadas como «bots». Aunque solo el 6 % de las cuentas analizadas fueron identificadas como «bots», éstas fueron responsables del 31 % de los tuits y del 34 % de los artículos difundidos desde fuentes de baja credibilidad. El impacto sobre los usuarios humanos resultó ser significativo. Estos no discriminaban si el contenido procedía de un «bot» o de otra persona de carne y hueso. De hecho, los tuits de los «bots» generaban un efecto de amplificación, es decir, cada acción de difusión automatizada provocaba una respuesta desproporcionada de participación humana, un fenómeno que no se observó con los artículos y mensajes de verificación. De esta manera, aunque los «bots» no explican por completo el éxito de la desinformación, constituyen un mecanismo central para su amplificación. Al actuar en las fases iniciales de propagación y explotar la vulnerabilidad cognitiva y social de los usuarios, los «bots» logran que las fuentes de baja cre-

---

221. FALLIS, D.; MATHIESEN, K., «Fake news is counterfeit news», *Inquiry*, 2019, pp. 1-20.

dibilidad alcancen niveles de difusión comparables a los de medios de verificación (*fact-checkers)*[222]. Los estudios posteriores sobre la materia han confirmado estas hipótesis incidiendo en la explotación de los sesgos cognitivos de las personas por parte de los «bots»[223].

3.3. ¿Cómo identificar las *fake news*?

Frente a este problema, se ha intentado instaurar mecanismos nuevos de control como verificadores o *«fact-checkers»* que se convertirían así en guardianes de la verdad. De esta manera, parece que unos medios (los verificadores) se convierten en la práctica en órganos de control de otros medios. La Unión Europea y los Estados del viejo continente están reaccionando como era de esperar, proponiendo nuevas normas y regulaciones cuya efectividad real está aún por ver.

La doctrina ha reconducido a tres grandes categorías las posibilidades de establecer mecanismos de verificación:

En primer lugar, los modelos de *«fact-checking»* que funcionan a través de dictámenes de expertos que analizarán las cuestiones y establecerán una decisión fundada (denominados en inglés *«Expert-oriented»*). Así, los *«fact-checkers»* *PolitiFact* o *Snopes*. El inconveniente que tienen estos sistemas es que exigen una gran dedicación por parte de auténticos especialistas y el alto coste de recursos limita su capacidad de reacción en un tiempo relativamente corto[224].

En segundo lugar, los sistemas colaborativos o *«Crowdsourcing-oriented»*. Estos sistemas se dedicarían a aprove-

---

222. SHAO, C.; CIAMPAGLIA, G. L.; VAROL, O.; YANG, K. C.; FLAMMINI, A., MENCZER, F., «The spread of low-credibility content by social bots», *Nature Communications*, núm. 4787, Vol. 9, 2018, pp. 1-9.

223. YAN, H.Y.; YANG, K. C.; SHANAHAN, J.; MENCZER, F., «Exposure to social bots amplifies perceptual biases and regulation propensity», *Nature Scientific Reports*, núm. 20707, Vol. 13, 2023, pp. 1-10; NG, L. H. X.; CARLEY, K. M., «A global comparison of social media bot and human characteristics», *Nature Scientific Reports*, núm. 10973, Vol. 15, 2025, pp. 1-18.

224. SHU, K.; SLIVA, A.; WANG, S.; TANG, J.; LIU, H., «Fake News Detection on Social Media: A Data Mining Perspective», *ACM SIGKDD Explorations Newsletter*, Vol. 19/1, 2017, pp. 22-36, especialmente, p. 27.

charse la sabiduría compartida de la multitud, permitiendo que se hagan anotaciones por particulares que otros validarían y permitiría al usuario formarse una idea. Es el caso de *Fiskkit* o, últimamente, de la red X[225].

En tercer lugar, los sistemas computacionales o *«Computational-oriented»* que pretenden establecer una escala o clasificación previa. El problema radica en identificar correctamente quejas o solicitudes de comprobación razonables y, especialmente, discriminar la veracidad de las quejas. Para ello, los sistemas utilizan fuentes de acceso abierto o en las que es posible establecer una trazabilidad, añadiendo también el historial de éxito en el pasado reciente[226].

Ninguno de estos sistemas es perfecto y tienden a reproducir los sesgos que pueda existir en fuentes previas y, al final, los propios moderadores adquieren un papel especialmente relevante, como sucedía en Twitter antes del cambio de política operado por su nuevo propietario, Elon Musk[227]. Quizá el menos sensible a los sesgos sea el colaborativo, aunque en este caso parece que se somete a votación la verdad. Probablemente el modelo ideal integre componentes de los tres tipos.

4. El impacto *«fake news»* en el sistema constitucional

4.1. ¿Afectan las *«fake news»* a los procesos electorales?

El análisis de cómo las *«fake news»* han afectado a procesos electorales o de formación de la voluntad ciudadana es complejo y tiene distintas aristas. El primer aspecto tiene que ver con los comportamientos electorales deriva-

---

225. *Ibídem.*

226. *Ibídem,* pp. 27-28.

227. Darendeli, A.; Sun, A., Tay, W.P., «The geography of corporate fake news», *PLoS ONE*, Vol. 19/4, 2024, disponible en <https://doi.org/10.1371/journal.pone.0301364>

dos de entornos de alta polarización política en los que no se vota «a favor» de algo, sino «en contra de» otra cosa. En los referendos es, además, habitual votar a favor o en contra del gobierno. Por otra parte, hay que tener en cuenta que la población se informa cada vez más a menudo a través de redes sociales y en éstas la posibilidad de difundir *«fake news»* es mucho más sencilla[228].

El caso de EE. UU. y de Donald J. Trump, es particularmente complejo y está rodeado de un profundo proceso de polarización y lucha por el «relato cultural» en EE. UU., lo que llevó a algunos, incluso, a proponer desde la academia el retraso de las elecciones presidenciales[229]. En el caso del Reino Unido, se está estudiando el «arrepentimiento» de la sociedad británica que se dejó llevar por desinformaciones provenientes de los líderes del «sí» al Brexit, fundamentalmente Nigel Farage y Boris Johnson, cuyas declaraciones y argumentos entrarían dentro de la clasificación de *«fake news»* según los estudios más pausados sobre la cuestión[230].

En todo caso, lo cierto es que las *fakes news* alimentan los relatos de parte, o las metas narrativas que acabamos de analizar, incrementan la polarización y acaban tensionando enormemente las instituciones. De la polarización se está pasando peligrosamente a la dialéctica amigo-enemigo, que exalta los ánimos y convierte las instituciones en otro escenario más en el que hay que visibilizar los antagonismos, por encima de los acuerdos o de las decisiones que haya que

---

228. Azzimonti, M.; Fernandes, M., «Social media networks, fake news, and polarization», *European Journal of Political Economy*, Vol. 76, 2023, pp. 1-25, disponible en <https://doi.org/10.1016/j.ejpoleco.2022.102256>.

229. Craig, S. C.; Gainous, J., «To vote or not to vote? Fake news, voter fraud, and support for postponing the 2020 US presidential election», *Politics & Policy*, Vol. 52/1, 2024, pp. 33-50.

230. Greene, C. M.; Nash, R. A.; Murphy, G., «Misremembering Brexit: partisan bias and individual predictors of false memories for fake news stories among Brexit voters», *Memory*, Vol. 29/5, 2021, pp. 587-604; Höller, M., «The human component in social media and fake news: the performance of UK opinion leaders on Twitter during the Brexit campaign», *European Journal of English Studies*, Vol. 25/1, 2021, pp. 80-95. En este último artículo se mencionan distintas declaraciones de estos líderes y su contraste con hechos demostrados.

adoptar. De hecho, el ánimo de llegar a algún tipo de acuerdo o consenso por parte de algún grupo o representante institucional puede, en determinados contextos, ser visto como un síntoma de debilidad frente al «enemigo» o incluso una traición, haciendo que el peso de la «ley de las redes» recaiga con fuerza sobre esta persona o grupo y sea convenientemente ajusticiado en el espacio público digital.

4.2. ¿Existe un derecho fundamental a no recibir *«fake news»*?

La doctrina constitucional que más en profundidad ha analizado esta cuestión acaba concluyendo que no existe un derecho de carácter fundamental y directamente exigible ante los tribunales que nos proteja frente a las *«fake news»*, sino que del derecho fundamental a recibir una información veraz reconocido en el artículo 20 de la Constitución apelaría más bien a una obligación preventiva y a una garantía institucional de que exista un pluralismo informativo[231]. Así, el sistema constitucional español, integrado en el marco europeo de protección de derechos, ampara la posibilidad de abrir otros medios o realizar actuaciones más o menos organizadas que permitan la verificación de informaciones, por ejemplo, a través de otro medio de comunicación[232].

Además, los poderes públicos han de realizar actuaciones tendentes a garantizar los máximos estándares de veracidad e incluso a regular contra la desinformación, porque ésta puede interferir en la libre formación de una opinión independiente y autónoma, con lo que el propio sistema democrático podría resentirse[233].

---

231. Serra Cristobal, R., «Noticias falsas (fake news) y derecho a recibir información veraz. Dónde se fundamenta la posibilidad de controlar la desinformación y cómo hacerlo», *Revista de Derecho Político*, núm. 116), pp. 13-46.

232. Allegri, M. R., «The Impact of Disinformation on the Functioning of the Rule of Law and Democratic Processes in the EU», *Interdisciplinary Journal of Research and Development*, Vol. 11/1 (S1), pp. 98-106.

233. Así, Serra Cristobal, R., «Noticias falsas (fake news) y derecho a recibir información veraz. Dónde se fundamenta la posibilidad de controlar la desinformación y cómo hacerlo», *op. cit.*

4.3. La respuesta de los poderes públicos

El fenómeno de la expansión y preocupación por las *fake news* está coincidiendo en el tiempo con el desarrollo de un importante arsenal legislativo por parte de Estados y de entidades como la Unión Europea para regular el uso del espacio digital por parte de los medios de comunicación. En efecto, el principal medio de difusión de las llamadas *fake news* lo constituyen las redes sociales y páginas web de medios y otras plataformas. Existe, además, toda una problemática derivada del posible control que realicen los gobiernos y las administraciones de los medios de comunicación a través de tres vías: la regulación, la propiedad o el control de algún medio específico y la financiación de los medios a través de publicidad institucional o subvenciones.

Así, en primer lugar, corresponde a los poderes públicos establecer el marco normativo en el que se han de desenvolver los medios de comunicación. Tradicionalmente, incluso era necesario que el gobierno de turno autorizase mediante un acto administrativo la constitución y entrada en funcionamiento de un medio de comunicación. Sin embargo, la generalización del uso de internet ha ido eliminando progresivamente esta necesidad, dado que las administraciones se escudaban en la gestión del espacio radioeléctrico para llevar a cabo un control de la apertura de nuevos canales de televisión o cadenas de radio. Por otra parte, en segundo lugar, los poderes públicos europeos no renuncian a mantener la propiedad de medios de comunicación propios. Curiosamente, nadie se plantea que un Estado o una región pueda ser propietario de un periódico tradicional, pero pocos cuestionan que mantengan medios de comunicación audiovisuales propios, radio y televisión, cuyos programas informativos y tertulias políticas siempre son criticadas por su elevado sesgo a favor del partido o grupo gobernante. En tercer lugar, los gobiernos financian los medios a través de publicidad institucional o directamente mediante subvenciones para la emisión de ciertos contenidos culturales. Esta situación puede generar una dependencia económica tal que en el complicado y siempre competitivo mundo de los medios de comunicación suponga un incentivo al medio beneficiado para hacer coincidir su línea editorial con los intereses del gobierno del momento[234].

En fin, es conveniente aludir al ímpetu normador de la UE que últimamente está desarrollando una importante labor reguladora para establecer las bases del gobierno de la opinión pública en el contexto europeo. Así, para la gestión del espacio público informativo europeo resultarán críticos los próximos desarrollos y la interpretación final que realicen los órganos de control de los reglamentos denominados *Digital Services Act* (DSA), la *Digital Markets Act* (DMA) y la *European Media Freedom Act* (FMA)[235].

---

234. Bustos Gisbert, R., «La intervención estatal en los medios de comunicación: la garantía del pluralismo e independencia de los medios», *Comunicación & cultura*, Vol. 3, 1998, pp. 79-94; Lowe, G. F.; Berg, C. E., «The Funding of Public Service Media: A Matter of Value and Values», *International Journal on Media Management*, Vol. 15/2, 2013, pp. 77-97; Dragomir, M., «Control the money, control the media: How government uses funding to keep media in line», *Journalism*, Vol. 19/8, 2018, pp. 1131-1148; Neff, T.; Pickard, V., «Funding Democracy: Public Media and Democratic Health in 33 Countries», *The International Journal of Press/Politics*, Vol. 29/3, pp. 601-627.

235. Reglamento (UE) 2022/2065 del Parlamento Europeo y del Consejo de 19 de octubre de 2022 relativo a un mercado único de servicios digitales y por el que se modifica la Directiva 2000/31/CE (Reglamento de Servicios Digitales), *Diario Oficial* L 277 de 27 de octubre de 2022, pp. 1-102, conocido por su nombre en inglés «*Digital Services Act*» (DSA); Reglamento (UE) 2022/1925 del Parlamento Europeo y del Consejo de 14 de septiembre de 2022 sobre mercados disputables y equitativos en el sector digital y por el que se modifican las Directivas (UE) 2019/1937 y (UE) 2020/1828 (Reglamento de Mercados Digitales), *Diario Oficial* L 265 de 12 de octubre de 2022, pp. 1-66, conocido como «*Digital Markets Act*» (DMA); Reglamento (UE) 2024/1083 del Parlamento Europeo y del Consejo, de 11 de abril de 2024, por el que se establece un marco común para los servicios de medios de comunicación en el mercado interior y se modifica la Directiva 2010/13/UE (Reglamento Europeo sobre la Libertad de los Medios de Comunicación), *Diario Oficial* L, 2024/1083, de 17 de abril de 2024, conocido como el «*European Media Freedom Act*» (FMA). Sobre esta cuestión, *vide*, Rosado Villaverde, C., «Libertad de expresión en las plataformas intermediarias al amparo de la Jurisprudencia Europea: consideraciones de interés con la Digital Service Act», Moretón Toquero, M. A.; Cetina Presuel, R. (Dirs.), *El Reglamento de Servicios Digitales de la Unión Europea (DSA): nuevo enfoque regulatorio y garantías frente a los desórdenes informativo*, Thomson-Aranzadi, Cizur Menor, 2024, pp. 47-84; Buttaboni, C.; Colangelo, G.; Floridi, L., «Governing Platform Power in the EU: A Legal and Ethical Assessment», disponible en SSRN (18 abril 2025), <https://ssrn.com/abstract=5110753> o <http://dx.doi.org/10.2139/ssrn.5110753>

5. Epílogo

En realidad, las «*fake news*» no son una causa sino una consecuencia de la evolución que están sufriendo las democracias actuales y los foros públicos. Están desapareciendo los intermediarios informativos y aún estamos asumiendo la generalización de tecnologías disruptivas derivadas del uso extendido de internet, redes sociales y herramientas de inteligencia artificial.

En medio de la inseguridad que producen las nuevas tecnologías, las propuestas populistas ganan terreno fácilmente, contribuyen al aumento de la polarización política y se produce una intensa batalla por el relato. La información fiable y los datos pasan a menudo a un segundo plano y cuando se han llegado a desmentir *fake news* han surgido otras similares que las sustituyen o añaden algún elemento nuevo que se vuelve a desmentir. En fin, aunque se produzca esta identificación de las *fake news*, en la memoria colectiva digital de los grupos altamente ideologizados queda habitualmente el recuerdo de esa noticia falsa que, en realidad, era un simple ataque y cuya finalidad última no era otra que reafirmar a los seguidores en lo que ya creían de antemano.

Los partidos y las instituciones tienen que adaptarse incentivando la responsabilidad ciudadana y haciendo desaparecer el mito de que el Estado va a solucionarles todos sus problemas. En última instancia, somos los ciudadanos quienes tenemos la responsabilidad de comportarnos con espíritu crítico. Contrastar informaciones antes de compartirlas, acudir a fuentes confiables o educar a las nuevas generaciones en las nuevas realidades mediáticas, son acciones que los ciudadanos tenemos la responsabilidad de implementar.

La lucha contra las *fake news* no es únicamente un problema de plataformas tecnológicas o gobiernos, sino que es una cuestión de responsabilidad compartida. Las *fakes news* no deben ser el problema de la democracia, sino que la democracia debe ser el problema de las *fake news*.

EPÍLOGO

DEMOCRACIAS EN CRISIS Y CRISIS DE LAS DEMOCRACIAS

1. Democracia: entre razón, interés y sentimiento

Cuando analizamos los sistemas democráticos, los constitucionalistas solemos quedarnos en el apartado descriptivo y analítico del funcionamiento de las instituciones. Describimos los modelos, establecemos grandes categorías para simplificar su clasificación y analizamos las normas de funcionamiento ordinario de las instituciones. También existen los estudios «previos» de Ciencia política y teoría del Estado que nos indican de qué manera las personas se integran en grupos, en los que surgen dinámicas de poder y, finalmente, se crean instituciones para gestionar el acceso al mismo, así como los mecanismos de resolución de los conflictos sociales por parte de los grupos dominantes.

Lo que quizá nos falta es integrar en los estudios de Derecho constitucional las metodologías y elementos derivados de la psicología, la antropología y, en menor medida, la economía. Las teorías sobre la democracia que se han analizado en esta obra parten de un escenario tal en el que las personas y las propias instituciones deciden tras haber realizado un proceso en el que se han contrapuesto alternativas, se han explicado las consecuencias de las actuaciones y finalmente se ha adoptado la opción que mejor conviene a la sociedad. Sin embargo, cualquiera que haya participado en un proceso electoral «desde dentro», ha podido comprobar en primera persona cómo el principal motivador de los votantes son sus propios sentimientos: el amor y el odio, quizá este último en mayor medida, y ése es el sentimiento que todo «cuartel de campaña» intenta exaltar a su favor en todo proceso electoral.

Además, las dinámicas de grupo o, mejor dicho, el juego de las identidades particulares que existen en países tan antiguos como España tienen también un papel fundamental, sobre todo en entornos que tradicionalmente han sido más impermeables a los procesos de secularización. Sin ser conscientes de ello, muchas zonas de países como España cuyos ciudadanos se reconocerían como agnósticos o, directamente, ateos, reproducen comportamientos propios de sociedades históricamente más rurales, más reacias al cambio, a la apertura social o a la libre competencia. La fuerza electoral que tienen los partidos que defienden identidades locales no sólo es fuerte en zonas como Cataluña, el País Vasco o Navarra, sino que también comienzan a emerger con fuerza en ciertas zonas y se expande con cierta facilidad de la mano de argumentos de olvido, dejación o vaciamiento de su población por la acción o inacción de los poderes públicos. El peso de la historia es importante, sin duda, y así la falta de una verdadera transición a un auténtico liberalismo político, una auténtica revolución industrial y una apertura real de mercados han condicionado el desarrollo de la sociedad española y ha tenido un reflejo y una complicidad lógica por parte de la mayoría de las instituciones.

España es sentimentalmente un país proteccionista y muy intervencionista en lo económico. La transición hacia una auténtica apertura de mercados en un contexto de libre competencia está siendo lenta y difícil. La tendencia de los poderes públicos de hacer políticas sociales interviniendo los mercados en lugar de estableciendo transferencias de renta es solo un ejemplo y una continuación de lo que los monarcas clásicos hacían con la concesión de los históricos «privilegios», autorizaciones y licencias. La protección histórica de los intereses industriales vizcaínos o de los textiles catalanes ha sido, más o menos, una constante desde el siglo

XIX. Por otra parte, se han adoptado decisiones específicas para ayudar o socorrer a grupos concretos desde el punto de vista asistencial. Es decir, para ayudar económicamente a las personas invidentes se puede realizar una transferencia de renta (subvenciones), una adaptabilidad progresiva de distintos elementos de la vida social y establecer mecanismos que faciliten su integración en la vida económica y social. O también se puede establecer una suerte de «concesión» o monopolio de venta de billetes de lotería que solo puede convivir con las apuestas del Estado y, excepcionalmente con algún sorteo. De esta manera, con esta «concesión», las personas invidentes se deben organizar y con las ganancias derivadas de este sorteo, realizar una política social propia. Esta especie de privatización de las políticas sociales afecta a los mercados y tampoco está claro que sea la más adecuada para este u otro grupo. Sin embargo, es tradicionalmente aceptada en nuestro país, suele decirse que si no fuera por este tipo de medidas este o aquel grupo estaría olvidado y en peores condiciones y, de paso, crea un grupo con una identidad específica que tiene también intereses propios y que, lógicamente, intentará defenderlos en todo caso.

Esto es solo un ejemplo de las múltiples identidades e intereses, no solo políticas, que pueden incidir en los procesos de adopción de decisiones y por cuyo favor siempre pugnan los distintos grupos políticos. Hay otros muchos ejemplos, algunos vienen de la época predemocrática (estiba, taxis, estancos...), otros también pudieron surgir en esa época pero su régimen ha sido esencialmente regulado en la actualidad a través de licencias limitadas (como farmacias, bares, restaurantes...) y otros han ido consolidándose poco a poco hasta el punto de que gozan de la simpatía de la mayoría de la población porque se entiende que realizan actividades que son de interés público o interés general (organizaciones de consumidores, ONGs...). Todas estas entidades tienen en común que dependen bien de una decisión gubernamental que les permite ejercer una actividad económica en condiciones de cierta exclusividad, bien de fondos públicos para sacar adelante sus proyectos, ya que las cuotas y donaciones privadas normalmente no alcanzan para mantener la estructura de personal de que se han dotado.

Estos casos simplemente pretenden poner de manifiesto el importante nivel de intervención que una democracia moderna como la española mantiene. Sin entrar en aspectos relativos a la regulación de ciertos sectores como el energético, el audiovisual o el de transportes, se observa un fuerte control por parte del Estado que acaba generando grupos de interés muy específicos y que intervienen, finalmente, en los procesos decisorios. Esta cuestión sí ha sido estudiada principalmente por la doctrina sociológica y por la Ciencia política, pero lo cierto es que se hace al margen de un análisis constitucional que integre el impacto en el funcionamiento de las instituciones y el resultado jurídico-constitucional de esta influencia.

En definitiva, la creación de estos intereses particulares tan diversos tiende a beneficiar a los partidos políticos —por no introducir el aspecto sindical en el estudio— que son capaces de presentarse ante estos grupos como representantes y, sobre todo, garantes de sus intereses. Muchos de estos partidos acaban teniendo dificultades para defender una posición global o ideológica que atienda a los intereses generales en abstracto, como consecuencia de la gran cantidad de intereses particulares y, con frecuencia, contradictorios que han de gestionar. Por ello, suelen recurrir a aspectos identitarios que se alimentan a través de la exaltación de sentimientos de pertenencia con elementos que a menudo se nutren de leyendas y relatos sesgados. Además, más recientemente, recurren a la antagonización del adversario político, lo que les facilita mucho el discurso político ya que, más que defender su posición, sólo tienen que atacar la contraria.

Pero esta situación no es solo responsabilidad de quienes diseñan campañas o gestionan las instituciones, sino que lo es también de la propia ciudadanía. Se dirá, con razón, que si los representantes públicos mienten o manipulan es responsabilidad de ellos y no de los votantes. Cierto. Pero también es verdad que incluso conocida la mentira y obviada la manipulación (que entra dentro de lo que nos queremos creer), de manera mayoritaria, el apoyo a este o aquel grupo no disminuye. El ciudadano, en gran medida, acepta que la alternativa es peor y siempre es posible encontrar un reproche en cualquier otra opción política. En contextos de alta polarización, además, los apoyos se mantienen más o menos estables. Lo que hace que aumente el apoyo a favor de algún grupo consiste en la incorporación de nuevos votantes que, o eran menores, o simplemente no votaban. Y en momentos de alta polarización como la descrita, esas «incorporaciones» de nuevos votantes benefician siempre a los extremos.

En definitiva, el enfoque holístico es complejo, pero sería necesario que los estudios constitucionales fueran incluyendo, en mayor o menor medida, elementos propios de otras disciplinas para entender mejor la realidad y, sobre todo, ser capaces de predecir posibles desarrollos. En mi opinión, la clave está en los incentivos que pueda percibir el ciudadano medio en sus pautas de comportamiento. La cultura social y, especialmente, la libertad económica en sentido amplio, que le permita construir un proyecto de vida autónomo son claves de la emancipación de la persona respecto de estructuras tendencialmente clientelares y con objetivos cortoplacistas.

2. El fortalecimiento estructural y el debilitamiento existencial de los partidos políticos

La pluralidad de instituciones de representación en el ámbito nacional, el contexto multinivel y transnacional y la diversidad de intereses existentes en las modernas sociedades ha reforzado tradicionalmente a los partidos políticos como centros de referencia en los procesos de participación ciudadana. Hace tiempo que dejaron de ser meros creadores de posiciones políticas, o proveedores de candidatos con ideas más o menos afines para realizar un proyecto político, y, en cierta medida, han mutado hacia modelos asimilables a las plataformas digitales. Es decir, el modelo tradicional en el que el partido incidía en la sociedad ha dado paso a una situación más bien inversa, en la que los partidos se han erigido en lugares de encuentro y coordinación de numerosas iniciativas y movimientos de participación políticos y sociales. La razón de que sean los partidos políticos los catalizadores de los procesos de formación se debe a una serie de circunstancias que resulta de interés reseñar.

Así, en primer lugar, cabe destacar la posición institucional privilegiada de que gozan. Tienen representación en las instituciones públicas. Bien a través de cargos públicos electos, bien a través de personas «afines» en los más diversos organismos públicos que se han acabado convirtiendo en órganos representativos cuando deberían ser técnicos o contramayoritarios, desde el Tribunal de Cuentas hasta los consejos de administración de empresas públicas, por no mencionar al Consejo General del Poder Judicial o al propio Tribunal Constitucional, cuyo análisis resultaría mucho más complejo. Además, en el ámbito mediático, igualmente, existen afinidades o periodistas «de referencia» de una tendencia u otra que habitualmente contribuyen con el entusiasmo propio de un activista de base a la consecución de los objetivos partidistas.

En segundo lugar, hay que destacar la resiliencia estructural de los partidos políticos. En efecto, estas organizaciones acaban siendo instituciones con una importante continuidad temporal, personal fijo, fundaciones propias... Todo ello debido en gran medida al sistema de financiación de los partidos políticos en nuestro país, aunque no hay que descartar otro tipo de financiación privada que puedan atraer, que les permite contar con personal y estructuras permanentes. Esto los hace más fuertes y resistentes que otras entidades sociales más efímeras y acaban siendo las instituciones de referencia a las que se vinculan ciertos proyectos y objetivos políticos y sociales.

La tercera característica tiene que ver con la lucha por la supervivencia de los partidos, que han encontrado un importante foco de competencia en la labor realizada por organizaciones empresariales, sindicales y sociales —este último denominado últimamente «tercer sector»—. La especialización de estas entidades les permites resultar más transversales en muchos casos o presentar como cuestión técnica, justa o de sentido común reivindicaciones corporativistas que podrían competir con las propuestas o el proyecto propio de un partido. De esta manera, los partidos suelen hacer de la necesidad virtud, asumiendo reivindicaciones propias de estas instituciones y, también, utilizándolas como correa de transmisión de propuestas que son eminentemente partidistas. Esta absorción de propuestas ha hecho que la doctrina califique a algunos partidos como «atrápalo-todo». No se trata tanto de que hayan relativizado sus posiciones políticas tradicionales, que también, sino que sobre todo han de convivir con entidades más especializadas que les disputan afiliados, activistas y ámbitos de actuación.

En esta situación que ha sido definida por algunos como democracia líquida y en la que las instituciones se ven a veces superadas en su funcionamiento por el activismo social que reniega de las estructuras tradicionales, los partidos políticos tienen también que reinventarse. Alguien podría pensar que si un partido político ha cumplido ya con su proyecto o ha visto realizadas sus reivindicaciones debería disolverse o fusionarse con otras organizaciones. Sin embargo, los partidos son estructuras que cumplen con la función fundamental de proveer de candidatos a los procesos electorales. Además, tienen una estructura de medios personales y materiales que hay que mantener, con lo que tienen un incentivo venial para seguir existiendo.

En definitiva, las democracias representativas que optan por un sistema parlamentario tienen tendencia a consolidar partidos con estructuras internas fuertes. Los sistemas presidenciales son más variados y, así, mientras que modelos como el de Estados Unidos tiene partidos con organizaciones más bien débiles, los sistemas iberoamericanos han asumido dinámicas de funcionamiento más similares a las democracias parlamentarias europeas. Además, el sistema electoral con circunscripción uninominal también contribuye a debilitar el poder de las direcciones de los partidos políticos. Un sistema de listas, sin embargo, aumenta el poder de éstas, disminuye la independencia de los candidatos y consolida una democracia de partidos, como agentes intermediarios entre el ciudadano y las instituciones. Es en esta intermediación donde a los partidos les ha surgido, en buena medida, la competencia de las organizaciones sociales que se mencionaban anteriormente.

3. De la profesionalización a la laboralización de la política

Suele hablarse habitualmente de la «profesionalización» de la política para criticar a quienes se dedican a tiempo completo a la política, ya sea en alguna institución o estando «liberado» a través de un contrato con el partido para dedicarse a la gestión interna. Quienes critican la profesionalización de la política suelen destacar el salario que cobra el afectado, las dietas establecidas por la institución e incluso las posibles indemnizaciones que reciba de su partido en concepto de dietas por actos o servicios exclusivos al partido y no a la institución (los mal llamados «sobresueldos de los políticos»). Todo ello, añadiendo normalmente los críticos que sin tener tal o cual titulación universitaria y/o sin «haber trabajado nunca de otra cosa».

Lo cierto es que el debate resulta un tanto manido, porque se mezclan cuestiones (salarios o asignaciones instituciones y dietas de partido), se comparan estos emolumentos con el salario mínimo interprofesional, se añade el uso de otros medios como el coche oficial o vivienda de cargo como si fueran privilegios desorbitados y se habla de pensiones vitalicias por haber ejercido cualquier cargo unos años. La mayoría resultan medias verdades, datos descontextualizados y ejemplos muy particulares que pretenden presentarse como la regla general: algo parecido a las *fake news* que se han estudiado en capítulos precedentes. En realidad, el estudio serio de la cuestión habría de partir del análisis de si el sueldo de los cargos instituciones españoles, por ejemplo, resulta alto o bajo en comparación con el nivel de responsabilidades, con el nivel de incompatibilidades presentes y futuras a que obliga el ejercicio de ciertos cargos públicos y también con los niveles salariales de los homólogos de otros países del entorno.

Un análisis como el descrito sobrepasa los límites de este trabajo, pero baste establecer que los sueldos institucionales españoles están en la media baja si los comparamos con sus homólogos europeos, con el sangrante caso del salario del presidente del gobierno, inferior al de muchos otros cargos institucionales. Además, según la legislación actual, el ejercicio de un cargo institucional tiene una serie de incompatibilidades presentes y futuras. Es decir, mientras se ejerce el cargo hay una serie de actividades y ocupaciones que están vedadas, algunas de las cuales se extienden tras el vencimiento del mandato parlamentario o del cese como alto cargo.

En las primeras legislaturas de los parlamentos españoles, tanto Congreso y Senado como algunos parlamentos autonómicos, se establecieron indemnizaciones a los diputados como forma de compensarles económicamente sin imponer demasiadas incompatibilidades. Más adelante, la incorporación de incompatibilidades para evitar conflictos de intereses o el tener dos pagadores públicos hizo necesario racionalizar la cuestión de los emolumentos de los diputados. En el caso de los miembros del gobierno, esta disyuntiva se resolvió mucho antes, sobre todo por la vía de los hechos, en tanto que la dedicación y la disponibilidad que la labor gubernamental exigen, unidas a su escrutinio permanente fueron estableciendo un régimen de dedicación exclusiva de manera pacífica. Así, en el caso de los parlamentos y otras instituciones representativas, se pasó de un régimen de indemnizaciones y dietas a un régimen de dedicación exclusiva generalizado unido a un sistema de incompatibilidades propios de un puesto en el empleo público. De esta manera, los diputados, además de alguna cuestión adicional como dietas o derecho de devolución de ciertos gastos, tienen una asignación sujeta a tributación por IRPF a la que se añaden, su caso, los gastos derivados de su alta en el régimen general de la Seguridad Social, que son asumidos por la Cámara o la institución equivalente. Cuando se disuelve la Cámara respectiva, por ejemplo, solo los miembros de la Diputación permanente siguen percibiendo los emolumentos y el resto pierde la condición de parlamentario a la vez que el derecho de percepción de las asignaciones económicas de esta situación. Así, algunos parlamentos han establecido una especie de sueldos de transición, mientras se constituye la nueva Cámara. También se establece una especie de indemnización por cese, a veces de una vez, a veces por mensualidades hasta el tiempo equivalente a la percepción de la prestación por desempleo, sobre todo para los que no se encuentran en situación de excedencia o servicios especiales de sus puestos de trabajo ordinarios.

De esta manera, como se observa, se ha generado un régimen económico muy similar al de un trabajador por cuenta ajena (o un empleado público), con sus doce pagas, a las que habitualmente se añaden dos pagas extraordinarias, con la correspondiente cotización a la Seguridad Social y una especie de prestación por desempleo al finalizar el mandato, si es que no se cuenta con otra fuente de ingresos. El régimen de incompatibilidades propio de este tipo de mandatos apenas permite la docencia a tiempo parcial, la impartición de conferencias o colaboraciones en medios de comunicación, además de algún tipo de indemnización por asistencia a consejos de administración de tipo público a los que se pueda pertenecer por designación de la institución de la que esta entidad dependa. Esta situación hace que a no ser que se disponga de una plaza de empleo público, un puesto consolidado en una entidad relativamente grande, negocio propio o un patrimonio considerable, tras la vida institucional, la vuelta al mercado laboral se hace muy complicada. Sobre todo, si añadimos que, en el caso de los altos cargos, se establece una prohibición posterior de trabajar en el sector con el que se tuvo relación en tanto que servidor público, salvo que la vinculación contractual fuera previa.

Esta situación ha provocado que muchas personas eviten ejercer algún cargo o mandato representativo, incluso cuando han resultado elegidas o nominadas y, antes de tomar posesión, se informan convenientemente de su nuevo régimen, prohibiciones y obligaciones de declarar interese y patrimonio. Por ello, la gran mayoría de las personas que sirven en las instituciones lo hacen por períodos muy largos, provienen a su vez de otras instituciones a donde fueron promocionadas por su partido y, en la práctica, se convierten en «funcionarios del partido» a la espera de un destino en esta o aquella institución, ya sea de parlamentario, concejal, secretario de Estado o, incluso, de directivo de alguna empresa o entidad del sector público. El empleador acaba siendo el partido y el puesto de trabajo en concreto es, en buena medida, decido también por éste, con el oportuno refrendo de las urnas, si hablamos de instituciones representativas, o con el beneplácito de la dirección del partido, si nos referimos a los altos cargos o puestos de asesoría y equivalentes en la administración y el sector público. En esto consiste la «laboralización de la política», en una especie de sustitución del mandato representativo y de la confianza política gubernamental por una relación híbrida, similar a la Relación Individual de Trabajo propia del Derecho laboral en la que habría un contrato de palabra entre la dirección del partido y el «funcionario del partido».

4. Parlamentos que deciden, que influyen, que observan... y parlamentos tertulianos

En el capítulo I se hizo referencia a una interesante clasificación doctrinal que categorizaba a los parlamentos en tres: decisores, influyentes y observadores. No es tanto una clasificación que dependa del sistema de gobierno, aunque sí que estaría condicionada por esta eventualidad, sino que más bien tiene que ver con la correlación de fuerzas existentes y que, en este sentido, pueden desde tumbar a un gobierno hasta ser meros espectadores de su actividad, en tanto que la mayoría parlamentaria está políticamente controlada y al servicio del poder ejecutivo.

Existiría una cuarta categoría que, las más de las veces, es casi una derivación o consecuencia de la tercera. Es decir, los parlamentos «que observan» a menudo evolucionan a una modalidad que podíamos definir como de parlamentos «tertulianos». Es decir, se trata de parlamentos en los que se habla o discute mucho, se presentan muchas iniciativas, pero, más allá de la puesta en escena de las sesiones de control (en los sistemas parlamentarios) se deciden pocas cosas. En parte por esto, este tipo de parlamentos es particularmente proclive a aprobar las leyes que hemos denominado «semánticas» en el capítulo IV: tienen la forma de leyes, se aprueban por ese procedimiento y formalmente son una fuente de Derecho pero, en la práctica, carecen de contenido normativo real y su finalidad es otra: reconocer a algún colectivo, introducir una serie de prescripciones que debería seguir (o no) un gobierno al desarrollar una política, realizar interpretaciones retroactivas de eventos históricos, etc.

Esta situación, como se ha visto, ha erosionado a la institución parlamentaria, que ha dejado de ser un lugar en el que se decide y se controla al gobierno, a ser un lugar en el que se traslada la actualidad mediática, que no política, y se adopta algún tipo de resolución, a veces una ley, que la mayoría tolera (o incluso auspicia) para dar la sensación de que se está aprobando alguna norma o régimen jurídico específico. Los parlamentos se están convirtiendo, en todo o en parte, en cajas de resonancia de la actualidad informativa y no al revés. El parlamento comenta noticias en lugar de ser la noticia. Esta situación se da en España particularmente en los parlamentos autonómicos, en tanto que las Comunidades Autónomas son, prácticamente, entidades que gestionan el Estado social y, por tanto, son autoridades de gasto y no tanto de regulación.

En suma, hay veces que el mejor servicio que podría hacer un parlamento consistirá en no aprobar nuevas leyes (quitando la cuestión presupuestaria) y, más bien, aportaría mucho si se dedicase a derogar normas inútiles, suntuarias o producto de la manifestación de algún sentimiento más o menos extendido. No se trata solamente de una cuestión estética porque, como se ha visto, estas normas, que no hacen más que aportar ambigüedad al ordenamiento jurídico, tienen un coste económico final que algunos han fijado en hasta 5 puntos del PIB para el caso italiano.

5. La «verdad» como parámetro de validez de unas elecciones

El desarrollo de las plataformas digitales, redes sociales y, en definitiva, la eliminación de intermediarios a través de internet ha supuesto toda una revolución no solo técnica sino también cultural. La apertura de medios de comunicación que necesitaba de grandes inversiones, infraestructuras e, incluso, aprobación administrativa es ahora relativamente simple y cualquiera puede hacerlo. Así, los medios de comunicación tradicionales se han visto avasallados por toda una miríada de nuevos medios, más especializados que generalistas, que buscan noticias concretas más que proporcionar una información que cubra todos los aspectos tradicionales y, sobre todo, accesible online y, la mayoría de las veces, sin un coste directo para el usuario, en tanto que estos medios se financiarían con publicidad. La financiación depende, pues, de la popularidad de estos medios o, mejor dicho, de la noticia o enlace en concreto. Esta situación supone un incentivo para componer artículos que sean llamativos y que atraigan el famoso «click» del usuario. Cuantos más «clicks», mayor visibilidad de la publicidad, mayor derivación hacia los patrocinadores y, por tanto, mayor financiación.

Esta modalidad de financiación no es la causa directa de las llamadas *fake news*, pero sí es un fenómeno que ayuda a entender mejor los incentivos de los productores de noticias y, sobre todo, la velocidad con la que muchas de ellas se propagan. Las *fake news*, como hemos visto, suelen ser medias verdades (o mentiras completas) que apelan a un componente emocional dirigido a un público muy determinado. El productor de este tipo de contenidos los crea a medida de un destinatario que sabe que lo va a consumir y al que va a reafirmar en lo que ya pensaba. El consumidor, por su parte, se siente incluso reconfortado en que se cumplan sus temores o, en menor medida, esperanzas. Éste es el mecanismo, pero ¿y la intención? La producción de *fake news* puede tener un origen económico, como se ha visto, simplemente aumentar el tráfico de datos para obtener un beneficio a través de patrocinadores. Pero también tiene un origen político. Se trata, sobre todo, de mantener «prietas las filas» y de atraer al que ya piensa de una determinada manera, pero aún no participa activamente, por ejemplo, en las elecciones. Es decir, las llamadas *fake news* no buscan principalmente hacer cambiar de opinión a una persona o suscitarle una disyuntiva intelectual o política que le haga cuestionarse sus propias posiciones. Al contrario, pretende reforzar lo que ya piensan unos, a costa de antagonizar a otros. Lo que sucede es que, por el camino, se ha producido un interesante maridaje o simbiosis entre esta intencionalidad política y los mecanismos de difusión que buscan «pescar» usuarios —de ahí que se habla del *clickbait* o «cebo para el click»— a través de titulares más o menos sensacionalistas y contenidos similares.

Las dos preguntas que el Derecho constitucional se plantea en esto serían: si existe un derecho fundamental a recibir información veraz que sea realmente exigible como tal y, por otra parte, hasta qué punto es legítimo que se permita este tipo de contenidos, sobre todo, si se denuncia que estas interferencias han podido influir decisivamente en procesos electorales.

La primera cuestión, que ya se ha mencionado en el capítulo V, exige un análisis del concepto de veracidad que emplean las constituciones, del límite entre dato y opinión y, sobre todo, de la conveniencia y viabilidad por parte de un gobierno de convertirse en una especie de censor universal. Sin profundizar aquí en la cuestión netamente jurídico-dogmática sobre los límites de la veracidad objetiva, sí que parece difícil que un gobierno o, incluso, una institución pública especializada —o un tribunal—, asuma la tarea de fiscalizar el incalculable número de «noticias» procedentes de medios, plataformas o, directamente usuarios que, como diría Elon Musk, son ya los medios —(*«you are the media»*—, es la frase que suele repetir en su red social X). Las propias redes sociales han estado buscando soluciones a este problema y, en general, están virando de los sistemas de moderación —habitualmente acusados de un determinado sesgo— a sistemas en los que los propios usuarios denuncian falsedades y otros validan o no esta apreciación. No es una cuestión sencilla, pero no parece que transformar al Estado en el censor universal sea la solución al problema en tanto que la institución u órgano que finalmente se dedicara a esta cuestión asumiría, en la sociedad actual, un poder absolutamente desproporcionado. Los sistemas de *fact-checking* y la «auto moderación» de los propios usuarios parecen ser las soluciones menos malas en este contexto.

Por otra parte, la preocupación porque una actuación intensa y concertada de «desinformación» pueda influir en procesos electorales es un problema real de los gobiernos democráticos en estos momentos. Pero ¿qué hacer frente a esto? Recientemente, como se sabe, el Tribunal Constitucional de Rumanía, por unanimidad y tras tener acceso a informes de sus servicios de inteligencia, anuló unas elecciones presidenciales antes de que se produjera la segunda vuelta al considerar que el algoritmo de una red social *(TikTok)* había beneficiado la presencia del discurso de un candidato sobre otro. El caso rumano es complejo, está salpicado de acusaciones de injerencias por parte de Rusia y el candidato presidencial que ganó en primera vuelta se enfrenta a procesos penales en los que se le acusa, entre otras cosas, de integrar una organización criminal. En todo caso, este ejemplo sirve para ilustrar la pregunta de hasta qué punto la verdad puede erigirse en el parámetro de validez de unas elecciones democráticas. De un lado, los defensores de esta posición argumentarían que los electores no podrían ejercer su voto de manera independiente ni formarse una decisión informada ante un aluvión de *fake news* que construyera un relato que no se corresponda con los hechos demostrados objetivamente. Por otra parte, los contrarios a esta posición denunciarían una actitud paternalista en todo esto que consideraría a los electores como fácilmente influenciables y necesitados de un amparo institucional que les desgrane la verdad de lo que quieren creer.

En fin, no es una cuestión sencilla y cada caso tendría sus propias derivadas. No es casual que las injerencias suelan provenir de Estados más o menos autoritarios que tienen interés en desestabilizar democráticamente a sus vecinos, influir fuertemente en ellos o, directamente, controlarlos. En todo caso, no parece que sustituir la influencia de potencias extranjeras o entidades interesadas por una suerte de gran hermano mediático controlado por el Estado sea la solución. Establecer la máxima transparencia gubernamental, permitir la existencia de un pluralismo político, sustituir discursos polarizadores por oratoria argumentada, desarrollar políticas públicas a partir de datos y evitar aferrarse o lograr el poder a toda costa son importantes vacunas frente al virus del populismo que exalta los ánimos, manipula los sentimientos y a menudo facilita que agentes externos acaben influyendo en las elecciones o, directamente, dando instrucciones a sus gobiernos. Lo peor que puede hacerse para luchar contra las *fake news* es intentar prohibirlas sin más. La mejor vacuna es una «triple vírica» muy particular: un gobierno transparente y que dé explicaciones, unas instituciones independientes integradas por las personas más capaces en cada momento y una ciudadanía responsable que sea crítica con toda la información recibida.

BIBLIOGRAFÍA

ALBERONI, F., *Movimiento e Institución. Teoría General*, Editora Nacional, Madrid, 1984.

ÁLVAREZ ÁLVAREZ, L., «Legitimidad, lealtad constitucional y democracia militante», *Revista de Derecho político*, núm. 117, 2023, pp. 343-356.

ÁLVAREZ GONZÁLEZ, E. M., «Técnica legislativa y disfunciones de las técnicas normativas en España. Retos actuales», *Revista Vasca de Administración Pública*, núm. 117, 2020, pp. 17-73.

ALZAGA VILLAAMIL, O. *et allii*, *Derecho político español según la Constitución de 1978*, 6.ª ed., Vol. II, Ed. Ramón Areces, Madrid, 2017.

ALLEGRI, M. R., «The Impact of Disinformation on the Functioning of the Rule of Law and Democratic Processes in the EU», *Interdisciplinary Journal of Research and Development*, Vol. 11/1 (S1), pp. 98-106.

ANDERSON, C. J., «The End of Economic Voting? Contingency Dilemmas and the Limits of Democratic Accountability», *Annual Review of Political Science*, Vol. 10/1, 2007, pp. 271-296.

ANGLMAYER, I., *Better Regulation practices in national parliaments*, PE 642.835, European Parliamentary Research Service, Brussels, 2020.

ANGUITA SUSI, A., «Del juramento o promesa de acatar la Constitución en el ámbito parlamentario», *Revista de derecho político*, núm. 109, 2020, pp. 329-342.

ARISTÓTELES, *Política*, 7.ª edición, CEPC, Madrid, 2024 (traducción de Julián Marías y María Araújo, introducción y notas de Julián Marías).

ARTER, D., «Conclusion. Questioning the "Mezey question": An interrogatory framework for the comparative study of legislatures», *The Journal of Legislative Studies*, Vol. 12/3-4, 2006, pp. 462-482.

ASAMBLEA REGIONAL DE MURCIA, *Informe de fiscalización de la contabilidad específica de las subvenciones que la Asamblea Regional de Murcia asignó a los Grupos parlamentarios*, IX Legislatura, Ejercicio 2016, disponible en <https://www.asambleamurcia.es/sites/default/files/informe_de_fiscalizacion_de_la_contabilidad_de_los_grupos_parlamentarios_2016.pdf>

AZZIMONTI, M.; FERNANDES, M., «Social media networks, fake news, and polarization», *European Journal of Political Economy*, Vol. 76, 2023, pp. 1-25.

BADIE, B., BIRBAUM, P., *Sociologie de l'État*, Grasset, Paris, 2e ed., 1982, reimp. 2004.

BARNES, S. H.; KAASE, M. (Eds.), *Political Action: Mass Participation in Five Western Democracies*, Sage, Beverly Hills, 1979.

BARRETT, B., *Merchandising Democracy: Inside the Online Industry of Campaign Merchandise*, The University of North Carolina at Chapel Hill, North Carolina, 2023.

BASELGA GARCÍA-ESCUDERO, P., «Materiales para el estudio de la técnica legislativa», *Revista de las Cortes Generales*, núm. 76, 2009, pp. 247-326.

BELDA PÉREZ-PEDRERO, E., «Elementos simbólicos de la Constitución española: La protección al uso de los símbolos por las personas y las instituciones», *Revista española de derecho constitucional*, núm. 117, 2019, pp. 45-75.

BELDA PÉREZ-PEDRERO, E., «La corona simbólica de hoy (y de mañana, con ciertas reformas)», *Teoría y derecho: revista de pensamiento jurídico*, núm. 35, 2023, pp. 28-47.

Belda Pérez-Pedrero, E., «La función simbólica de la Corona democrática: Predominio frente a las funciones arbitral y moderadora», Punset Blanco, R. (Dir.), *La función constitucional del Rey: teoría y práctica*, Reus, Madrid, 2024, pp. 193-228.

Benito Sánchez, D., «La protección penal de la competencia: ¿ejemplo de exceso punitivo?», *Anales de la Cátedra Francisco Suárez. Protocolo I*, núm. Extra 1, 2021, pp. 181-209.

Bentham, J., *Nomografía o el Arte de Redactar Leyes*, BOE/CEPC, Madrid, 2000, edición y estudio preliminar de Virgilio Zapatero (traducción de un texto publicado en las obras completas del filósofo utilitarista en 1834).

Besson, S., «The human right to democracy. A moral defense with a legal nuance», *Venice Commission*, CDL-UD(2010)003, 4 May 2010, pp. 1-25.

Birnbaum, P., «La fin de l'État?», *Revue française de science politique*, Vol. 35/6, 1985, pp. 981-998.

Blits, J. H., «Tocqueville on democratic education: The problem of public passivity», *Educational Theory,* Vol. 47/1, 1997, pp. 15-30.

Bohman, J.; Rehg, W., *Deliberative democracy: essays on reason and politics*, Massachusetts Institute of Technology, Cambridge, 1997.

Bolleyer, N., Salát, O., «Parliaments in times of crisis: COVID-19, populism and executive dominance», *West European Politics*, Vol. 44/5-6, 2021, pp. 1103-1128.

Borón, A. A., «Alexis de Tocqueville y las transformaciones del Estado democrático: una exploración después de siglo y medio», *Revista Mexicana de Sociología*, Vol. 44/4, 1982, pp. 1095-1118.

Bouazza Ariño, O., «El respeto de los derechos fundamentales como límite constitucional al legislador (La STC 203/2013, de 5 de diciembre, por la que se declara la inconstitucionalidad de la Ley de la Ciudad del Medio Ambiente de Soria)», *Revista Vasca de Administración Pública,* núm. 99-100, 2014, pp. 703-718.

BOURNE, A. K., «The proscription of political parties and militant democracy», *The Journal of Comparative Law,* Vol. 7, 2012, pp. 196-213.

BOURNE, A. K.; CASAL BÉRTOA, F., «Mapping "Militant Democracy": Variation in Party Ban Practices in European Democracies (1945-2015)», *European Constitutional Law Review,* Vol. 13/2, 2017, pp. 221-247.

BRAUD, P., *Sociologie politique,* 8e ed., LGDJ, Paris, 2006.

BRÄUNINGER, T.; DEBUS, M., «Legislative agenda-setting in parliamentary democracies», *European Journal of Political Research,* Vol. 48, 2009, pp. 804-839.

BRESLOW, B., «London Merchants And The Origins Of The House Of Commons», *Medieval Prosopography,* Vol. 10/2, 1989, pp. 51-80.

BRUNNER, M., *Parliaments and legislative activity: Motivations for bill introduction,* Springer, Wiesbaden, 2012.

BRUSTEIN, W., «Class conflict and class collaboration in regional rebellions, 1500 to 1700», *Theory and Society. An Interdisciplinary Social Science Journal,* Vol. 14, 1985, pp. 445-468.

BUCHANAN, J. M.; TULLOCK, G., *The Calculus of Consent: Logical Foundations of Constitutional Democracy,* Ann Arbor Paperbacks, University of Michigan, 1965.

BUSTOS GISBERT, R., «La intervención estatal en los medios de comunicación: la garantía del pluralismo e independencia de los medios», *Comunicación & cultura,* Vol. 3, 1998, pp. 79-94.

BUTTABONI, C.; COLANGELO, G.; FLORIDI, L., «Governing Platform Power in the EU: A Legal and Ethical Assessment», disponible en SSRN (18 abril 2025), <https://ssrn.com/abstract=5110753> o <http://dx.doi.org/10.2139/ssrn.5110753>

CANNADINE, D., *Making History Now and Then*, Palgrave Macmillan, Basingstoke-Hampshire, 2008.

CAPOCCIA, G., «Militant democracy: The institutional bases of democratic self-preservation», *Annual Review of Law and Social Science*, Vol. 9/1, 2013, pp. 207-226.

CARPENTER, D. A., «King, Magnates, and Society: The Personal Rule of King Henry III, 1234-1258», *Speculum*, Vol. 60/1, 1985, pp. 39-70.

CARRÉ DE MALBERG, R., *La loi, expression de la volonté générale. Etude sur le concept de la loi dans la Constitution de 1875*, Recueil Sirey, Paris, 1931.

CARTER, E. H., MEARS, R. A. F., EVANS, D., *A history of Britain. Picts, Celts, Romans & Anglo-Saxons to 1066*, Stacey International, London, 2011.

CERVANTES SAAVEDRA, M., *El ingenioso hidalgo Don Quijote de la Mancha*, Librero Francisco de Robles, Madrid, 1615. Segunda Parte, Capítulo LI, disponible en <https://cvc. cervantes.es/literatura/clasicos/quijote/edicion/parte2/cap51/cap51_02.htm>

COHEN, J., «Democracy and Liberty», ELSTER, J. (Ed.), *Deliberative Democracy*, Cambridge University Press, Cambridge, 1998, pp. 185-231.

CONGE, P. J., «Review: The Concept of Political Participation: Toward a Definition», Comparative Politics, Vol. 20/2, 1988, pp. 241-249.

CONNIFF, J., «The Enlightenment and American Political Thought. A Study of the Origins of Madison's. Federalist Number 10», *Political Theory*, Vol. 8/3, 1980, pp. 381-402.

COSENTINO, G., *Social media and the post-truth world order: the global dynamics of disinformation*, Palgrave Macmillan, Cham, 2020.

COT, J. P.; MOUNIER, J. P., *Sociología política*, Blume, Barcelona, 1978.

CRAIG, S. C.; GAINOUS, J., «To vote or not to vote? Fake news, voter fraud, and support for postponing the 2020 US presidential election», *Politics & Policy*, Vol. 52/1, 2024, pp. 33-50.

CREWE, E., MÜLLER, M. G. (Eds.), *Rituals in Parliaments. Political, Anthropological and Historical Perspectives on Europe and the United States*, Peter Lang, Frankfurt, 2006.

CREWE, E.; EVANS, P., «The Significance of Rituals in Parliament», LESTON-BANDEIRA, C.; THOMPSON, L. (Eds.), *Exploring Parliament*, Oxford University Press, Oxford, 2018, pp. 43-52.

CROSS, W., «Democratic Norms and Party Candidate Selection: Taking Contextual Factors into Account», *Party Politics*, Vol. 14/5, 2008, pp. 596-619.

CURATO, N.; SASS, J.; ERCAN, S. A.; NIEMEYER, S., «Deliberative democracy in the age of serial crisis», *International Political Science Review*, Vol. 43/1, 2022, pp. 55-66.

CHAMBERS, S., «Rhetoric and the public sphere: Has deliberative democracy abandoned mass democracy?», *Political theory*, Vol. 37/3, 2009, pp. 323-350.

CHEVALLIER, J. J., *Los grandes textos políticos. Desde Maquiavelo a nuestros días*, Aguilar, Madrid, 1972.

CHILTON, A.; VERSTEEG, M., «Rights without resources: the impact of constitutional social rights on social spending», *The Journal of Law and Economics*, Vol. 60/4, 2017, pp. 713-748.

DAALDER, H., «Parties, Elites, and Political Developments in Western Europe», LA PALOMBARA, J.; WEINER, M. (Eds.), *Political Parties and Political Development. (SPD-6)*, Princeton University Press, Princeton, 1966, pp. 43-77.

DAHL, R. A. «The concept of power», *Behavioral science*, Vol. 2/3, 1957, pp. 201-215.

DAHL, R. A., *Polyarchy: participation and opposition*, Yale University Press, New Haven, 1971.

DAHL, R., *Democracy and its Critics*, Yale University Press, New Haven, 1989.

DAINOW, J., «The civil law and the common law: some points of comparison», *The American Journal of Comparative Law*, Vol. 15/3, 1967, pp. 419-435.

DANIELS, N., «Equality of What: Welfare, Resources, or Capabilities?», *Philosophy and Phenomenological Research*, Vol. 50 (Suppl.), 1990, pp. 273-296.

DANNHAUSER, W. J., «Some thoughts on liberty, equality, and Tocqueville's Democracy in America», *Social Philosophy and Policy*, Vol. 2/1, 1984, pp. 141-160.

DARENDELI, A.; SUN, A., TAY, W.P., «The geography of corporate fake news», *PLoS ONE*, Vol. 19/4, 2024.

DAVID, R., JAUFFRET-SPINOSI, C., *Los grandes sistemas jurídicos contemporáneos*, 11.ª ed., UNAM, México, 2010.

DE BLASIO, E., SORICE, M., «Populism between direct democracy and the technological myth», *Palgrave Communications*, Vol. 4, 2018, pp. 1-11.

DE COOREBYTER, V., «Les partis et la démocratie», *Dossiers du CRISP*, Vol. 64/2, 2005, pp. 9-128.

DE KEGHEL, A.; DE HOYOS, A.; JACOB, M. C., *American Freemasonry: Its Revolutionary History and Challenging Future*, Inner Traditions, Rochester, 2017.

DE LA TORRE, C.; SRISA-NGA, T., *Global Populisms*, Routledge, London, 2021.

DE VEGA, P., «El Rey, Jefe del Estado, símbolo de su unidad y permanencia», VV AA, *La monarquía parlamentaria. Título II de la Constitución*, Congreso de los Diputados, Madrid, 2001, pp. 65-86.

DEMSETZ, H., «Barriers to Entry», *The American Economic Review*, Vol. 72/1, 1982), pp. 47-57.

Diez Picazo, L. M., «Concepto de ley y tipos de leyes (¿Existe una noción unitaria de ley en la Constitución española?)», *Revista Española de Derecho Constitucional*, núm. 24, 1988, pp. 47-93.

Diez Picazo, L. M., «Le concept de loi», *Annuaire international de justice constitutionnelle*, Vol. 19, 2003, pp. 450-471.

Dowding, K., «Power and Persuasion», *Political Studies*, Vol. 64/1, April (Suppl), 2016, pp. 4-18.

Dragomir, M., «Control the money, control the media: How government uses funding to keep media in line», *Journalism*, Vol. 19/8, 2018, pp. 1131-1148.

Drolet, M., *Democracy and Social Reform*, Palgrave Macmillan, London, 2003, pp. 177-201.

Dryzek, J. S., *Deliberative democracy and beyond: Liberals, critics, contestations*, Oxford University Press, Oxford, 2002.

Durkheim, E., *Les formes élémentaires de la vie religieuse. Le système totémique en Australie*, PUF, Paris, 2008 (original publicado en 1912).

Duverger, M., *Les partis politiques*, A. Colin, Paris, 1951 (traducido al español como Duverger, M., *Los partidos políticos*, Fondo de Cultura Económica, México, 1.ª ed. 1957, 22.ª reimpresión 2012).

Dworkin, R., «Liberal Community», *California Law Review*, Vol. 77/3, 1989, pp. 479-504.

Edelman, M., *The symbolic uses of politics*, 2nd ed., Univesity of Illinois Press, Chicago, 1985.

Edwards, B.; Foley, M. W.; Diani, M. (Eds.), *Beyond Tocqueville: Civil society and the social capital debate in comparative perspective*, University Press of New England, London, 2001.

Elton, G. R., «The Rolls of Parliament, 1449-1547», *The Historical Journal*, Vol. 22/1, 1979, pp. 1-29.

ELTON, G., «The early Journals of the house of lords», *The English Historical Review*, Vol. LXXXIX/CCCLII, 1974, pp. 481-512.

ESPÍN TEMPLADO, E., «El sistema de fuentes en la Constitución (I)», ESPÍN TEMPLADO, E.; LÓPEZ GUERRA, E., *Manual de Derecho Constitucional*, Tirant, Valencia, 2022, Vol. I, pp. 57-82.

EUROPEAN COMMISSION, *Better Regulation Guidelines*, SWD(2021) 305 final, Brussels, 2021.

EUROPEAN COMMISSION, *«Better regulation' toolbox*, Brussels, 2023.

FACCHINI, F., «What Are the Determinants of Public Spending? An Overview of the Literature», *Atlantic Economic Journal*, Vol. 46, 2018, pp. 419-439.

FALLIS, D.; MATHIESEN, K., «Fake news is counterfeit news», *Inquiry*, 2019, pp. 1-20.

FAVOREU, L. *et allii, Droit constitutionnel*, 23.ª ed., Dalloz, Paris, 2021.

FERNÁNDEZ-CARNICERO, C. J., «Bentham, Jeremy: «Nomografía o el Arte de Redactar Leyes» (Recensión)», *Revista de las Cortes Generales*, núm. 52, 2001, pp. 415-418.

FERRERES COMELLA, V., *Justicia constitucional y democracia*, 2.ª ed., CEPC, Madrid, 2007.

FIRTH, R., *Symbols. Public and Private*, Routledge, Abingdon, 2011 (original de 1973).

FISHER, W. R., *Human Communication as Narration: Toward a Philosophy of Reason, Value, and Action*, University of South Carolina Press, Columbia, 1987.

FLECK, R. K., HANSSEN, F. A., «How Tyranny Paved the Way to Democracy: The Democratic Transition in Ancient Greece», *The Journal of Law & Economics*, Vol. 56/2, 2013, pp. 389-416.

FLETCHER, F. T., *Montesquieu and English Politics (1750-1800)*, E. Arnold, London, 1939.

FONDEVILA MARÓN, M., *Teoría jurídico-política de la oposición. La oposición política en la era de la polarización*, Atelier, Barcelona, 2025.

FREEMAN, S. (Ed.), *The Cambridge Companion to Rawls*, Cambridge University Press, Cambridge, 2003.

GAGNON, J. P., «2,234 Descriptions of Democracy. An Update to Democracy's Ontological Pluralism», *Democratic Theory*, Vol. 5/1, 2018, pp. 92-113.

GARCÍA DE ENTERRÍA, E., *Justicia y seguridad jurídica en un mundo de leyes desbocadas*, Civitas, Madrid, 1999.

GARCÍA PELAYO, M., *El Estado de partidos*, Alianza Editorial, Madrid, 1986.

GARCÍA, E., «Las leyes volitivas», *El Confidencial*, 20 abril 2023, disponible en <https://blogs.elconfidencial.com/espana/tribuna/2023-04-20/leyes-volitivas-vivienda_3614136/>

GARCÍA-ESCUDERO MÁRQUEZ, P., *Manual de técnica legislativa*, Thomson-Civitas, Madrid, 2011.

GARCÍA-ESCUDERO MÁRQUEZ, P., *Técnica legislativa y seguridad jurídica: ¿hacia el control constitucional de la calidad de las leyes?*, Thomson-Aranzadi, Madrid, 2010.

GARCÍA-PELAYO, M., *Mitos y símbolos políticos*, Taurus, Madrid, 1964 (publicado igualmente como GARCÍA-PELAYO, M., *Obras Completas*, Vol. I, CEPC, Madrid, 2009, pp. 907-1031).

GARRETT, R. S., *Super PACs in Federal Elections: Overview and Issues for Congress*, Congressional Research Service, R42042, September 16, 2016, disponible en <https://fas.org/sgp/crs/misc/R42042.pdf>.

GELFERT, A., «Fake news: A definition», *Informal logic*, Vol. 38/1, 2008, pp. 84-117.

Giménez Martínez, M. A., *Historia del parlamentarismo español*, CEPC, Madrid, 2017.

Giommoni, T.; Guiso, L.; Michelacci, C.; Morelli, M., «The Economic Costs of Ambiguous Laws», *CESifo Working Papers*, núm. 11929, junio 2025, disponible en <https://www.ifo.de/DocDL/cesifo1_wp11929.pdf>.

Gneist, R., *History of the English Parliament, its growth and development through a thousand years, 800 to 1887*, W. Clowes, London, 1889.

Goddard, D., *Making Laws That Work. How Laws Fail and How We Can Do Better*, Hart, Oxford, 2022.

Goffman, E., *Relations in Public: Microstudies of the Public Order*, Basic Books, New York, 1971.

Gold, M. B.; Gupta, D., «The Constitutional Option to Change Senate Rules and Procedures: A Majoritarian Means to Overcome the Filibuster», *Harvard Journal of Law & Public Policy*, Vol. 28/1, 2004, pp. 205-272.

González Casanova, J. A., *Teoría del Estado y Derecho Constitucional*, 2.ª ed., Vicens-Vives, Barcelona, 1982.

González Hernández, E., «Juramento y lealtad a la Constitución», *Revista de derecho político*, núm. 60, 2004, pp. 177-236.

Gordillo Pérez, L. I. (Dir.), *Una teoría del Estado constitucional europeo*, 4.ª ed., Athenaica, Sevilla, 2023.

Gordillo Pérez, L. I., «¿Por qué surge el Estado? Una metodología holística para entender el origen, la función y los retos del poder público», *Pensamiento: Revista de investigación e Información filosófica*, Vol. 72, núm. Extra 272, 2016, pp. 563-591.

Gordillo Pérez, L. I., «El Rey como símbolo de la unidad y permanencia del Estado. Elemento simbólico, integrador y legitimador del Estado constitucional», Punset Blanco, R. (Dir.), *La función constitucional del Rey: teoría y práctica*, Reus, Madrid, 2024, pp. 229-250.

GORDILLO PÉREZ, L. I., «La erosión de la institución parlamentaria», *Teoría y realidad constitucional*, núm. 52, 2023, pp. 377-400.

GORDILLO PÉREZ, L. I., «La estética de los ritos y ceremoniales parlamentarios: Elementos para un debate», GONZÁLEZ HERNÁNDEZ, E. (Dir.); ROSADO VILLAVERDE, C. (Coord.), *Discurso y estética en la democracia española,* Colex, Madrid, 2022, pp. 229-246.

GORDILLO PÉREZ, L. I., «La gestión de la pandemia por parte de las instituciones autonómicas del País Vasco», MARTÍNEZ OTERO, J.; GARRIDO MAYOL, V. (Coords.), *Estado autonómico y derechos fundamentales en la era post-coronavirus*, Tirant, Valencia, 2024, pp. 263-306.

GORDILLO PÉREZ, L. I., «Masonería y constitucionalismo», VV AA, *El REAA y los valores humanos*, Ed. Supremo Consejo/Academia de Estudios Masónicos, Madrid, 2018, pp. 19-40.

GORDILLO PÉREZ, L. I., «Mecanismos de participación ciudadana en perspectiva comparada: elementos para un debate», MORÁN MARTÍN, R. (Dir.), *Participación y exclusión política. Causas, mecanismos y consecuencias,* Tirant, Valencia, 2018, pp. 541-563.

GOULD, J. S.; POZEN, D. E., «Structural Biases in Structural Constitutional Law», *New York University Law Review*, Vol. 97 (April), 2022, pp. 59-136.

GREENE, C. M.; NASH, R. A.; MURPHY, G., «Misremembering Brexit: partisan bias and individual predictors of false memories for fake news stories among Brexit voters», *Memory*, Vol. 29/5, 2021, pp. 587-604.

GREGORY, R., «Accountability in Modern Government», PETERS, B. G.; PIERRE, J., *The SAGE Handbook of Public Administration*, 2nd ed., SAGE, London, 2012, pp. 681-697.

GUNLICKS, A. B. (Ed.), *Campaign and Party Finance in North America and Western Europe*, Routledge, London, 1993.

GUNTHER, R.; MONTERO, J. R.; LINZ, J. J. (Eds.), *Political parties: Old concepts and new challenges*, Oxford University Press, 2002.

GUTMANN, A.; THOMPSON, D., «Deliberative democracy beyond process», *Journal of Political Philosophy*, Vol. 10/2, 2002, pp. 153-174.

HACKETT, D. G., *That Religion in Which All Men Agree: freemasonry in American culture*, University of California Press, Berkeley, 2014.

HALL, J. A., «Trust in Tocqueville. Policy», *Organisation and Society*, Vol. 5/1, 1992, pp. 16-24.

HANCOCK, R. C., «Tocqueville on the good of American federalism», *Publius: The Journal of Federalism*, Vol. 20/2, 1990, pp. 89-108.

HARBRIDGE, L.; MALHOTRA, N., «Electoral Incentives and Partisan Conflict in Congress: Evidence from Survey Experiments», *American Journal of Political Science*, 55/3, 2011, pp. 494-510.

HARSIN, J., «Introduction. Post-truth as Globalizing Public Mood (Indefinite, Anxious, Dystopic)», HARSIN, J. (Ed.), *Re-Thinking mediations of Post-truth politics and Trust. Globality, Culture, Affect*, Routledge, New York, 2024, pp. 1-33.

HAUGAARD, M., «Power and Hegemony in Social Theory», HAUGAARD, M.; LENTNER, H. H. (Eds.), *Hegemony and power: consensus and coercion in contemporary politics*, Lexington Books, London, 2006 pp. 45-64.

HAUGAARD, M., «What is authority?», *Journal of classical sociology*, Vol. 18/2, 2018, pp. 104-132.

HAUGAARD, M.; LENTNER, H. H. (Eds.), *Hegemony and power: consensus and coercion in contemporary politics*, Lexington Books, London, 2006.

HAZELL, R.; MORRIS, B. (Eds.), *The role of monarchy in modern democracies. European Monarchies Compared*, Hart, Oxford, 2020.

HEBERT, L. J., «Individualism and intellectual liberty in Tocqueville and Descartes», *The Journal of Politics,* Vol. 69/2, 2007, pp. 525-537.

HICKS, S. R. C., *Explaining postmodernism: Skepticism and socialism from Rousseau to Foucault*, Scholargy Publishing, Tempe, 2004.

HOLCOMBE, R. G., «Barriers to Entry and Political Competition», *Journal of Theoretical Politics*, Vol. 3/2, 1991, 231-240.

HOLGADO GONZÁLEZ, M., *La financiación de los partidos políticos en España*, Tirant, Valencia, 2003.

HÖLLER, M., «The human component in social media and fake news: the performance of UK opinion leaders on Twitter during the Brexit campaign», *European Journal of English Studies*, Vol. 25/1, 2021, pp. 80-95.

HOROWITZ, D. L., «Comparing democratic systems», *Journal of Democracy*, Vol. 1/4, 1990, pp. 73-79.

HOWELL, W. S. (Ed.), *Jefferson's Parliamentary Writings: Parliamentary Pocket-Book and A Manual of Parliamentary Practice*, 2nd ed., Princeton University Press, Princeton, 1988.

HUNTINGTON, S. P.; NELSON, J. M., *No Easy Choice: Political Participation in Developing Countries*, Harvard University Press, Cambridge, 1976.

IHALAINEN, P.; ILIE, C.; PALONEN, K. (Eds.), *Parliament and Parliamentarism: A Comparative History of a European Concept*, Berghahn Books, London, 2018.

JACKMAN, M. C., «Parties, median legislators, and agenda setting: How legislative institutions matter», *The Journal of Politics,* Vol. 76/1, 2014, pp. 259-272.

Jacob, E. F., «What Were The "Provisions Of Oxford"?», *History*, Vol. 9/35, 1924, pp. 188-200.

Jankovic, I., «Das Tocqueville Problem: Individualism and Equality between Democracy in America and Ancient Regime», *Perspectives on Political Science*, Vol. 45/2, 2016, pp. 125-136.

Jansen, A. S.; Eugster, B.; Maier, M.; Adam, S., «Who drives the agenda: Media or parties? A seven-country comparison in the run-up to the 2014 European Parliament elections», *The International Journal of Press/Politics*, Vol. 24/1, 2019, pp. 7-26.

Jenkins, J. A.; Monroe, N. W., «On Measuring Legislative Agenda-Setting Power», *American Journal of Political Science*, Vol. 60/1, 2016, pp. 158-174.

Jezierska, K.; Sörbom, A., «Proximity and Distance: Think Tanks Handling the Independence Paradox», *Governance*, Vol. 34/2, 2021, pp. 395-411.

Jouvenel, B., *El poder*, Editora Nacional, Madrid, 1974.

Kadlec, A.; Friedman, W., «Deliberative democracy and the problem of power», *Journal of Deliberative Democracy*, Vol. 3/1, 2007, pp. 1-26.

Kalpokas, I., *A political theory of post-truth*, Springer, Cham, 2018.

Kantorowicz, E., *The King's Two Bodies: A Study in Medieval Political Theology*, Princeton University Press, Princeton, 2016 (original de 1957).

Keane, D., «Attacking hate speech under Article 17 of the European Convention on Human Rights», *Netherlands Quarterly of Human Rights,* Vol. 25/4, 2007, pp. 641-663.

Keefer, P.; Scartascini, C. G.; Vlaicu, R., «Voter preferences, electoral promises, and the composition of public spending», *IDB Working Paper Series*, No. IDB-WP-1123, 2020.

KELSTRUP, J. D., «Quantitative Differences in Think Tank Dissemination Activities in Germany, Denmark and the UK», *Policy Sciences*, Vol. 50/1, 2017, pp. 125-137.

KING A.; CREWE I., The Blunders of Our Governments, Oneworld, London, 2013.

KINGSBURY, B., «The Concept of "Law" in Global Administrative Law», *European Journal of International Law*, Vol. 20/1, 2009, pp. 23-57.

KISSAM, P. C., «Alexis De Tocquecville and American Constitutional Law: On Democracy, the Majority Will, Individual Rights, Federalism, Religion, Civil Associations, and Originalist Constitutional Theory», *Maine Law Review*, Vol. 59/1, pp. 35-74.

KITSCHELT, H., *The Logics of Party Formation*, Cornell University Press, Ithaca (NY), 1989.

KOCAPINAR, G.; KALAYCIOĞLU, E., «Elections and partisanship: analyzing the results of the 2023 general elections in Turkey», *Southeast European and Black Sea Studies*, Vol. 24/2, 2024, pp. 237-257.

LaPALOMBARA, J.; WEINER, M. (Eds.), *Political Parties and Political Development. (SPD-6)*, Princeton University Press, Princeton, 1966.

LaPALOMBARA, J.; WEINER, M., «The Origin and Development of Political Parties», LaPALOMBARA, J.; WEINER, M. (Eds.), *Political Parties and Political Development. (SPD-6)*, Princeton University Press, Princeton, 1966, pp. 3-42.

LASSWELL, H. D.; KAPLAN, A., *Power and society. A framework for political inquiry*, Routdledge, New York, 2017 (publicado originalmente en 1950).

LASSWELL, H., *La política como reparto de influencia*, Aguilar, Madrid, 1974.

LICHTHEIM, G., «The Concept of Ideology», *History and Theory*, Vol. 4/2, 1965, pp. 164-195.

LIJPHART A., *Patterns of Democracy: Government Forms and Performance in Thirty-Six Countries*, 2nd ed., Yale University Press, New Haven, 1999.

LIJPHART, A. (Ed.), *Parliamentary Versus Presidential Government*, Oxford University Press, Oxford, 1992.

LIJPHART, A., «Los peligros del presidencialismo: Análisis y nuevas reflexiones de Juan Linz», *Revista Chilena de Derecho y Ciencia Política*, Vol. 14/1, 2023, pp. 1-8.

LINZ, J. J., «Presidential or parliamentary democracy. Does it make a difference?», LINZ, J. J.; VALENZUELA, A. (Eds.), *The failure of presidential democracy*, The Johns Hopkins University Press, Baltimore, 1994, pp. 3-88.

LINZ, J. J., «Presidents vs. Parliaments: The Virtues of Parliamentarism», *Journal of Democracy*, Vol. 1/4, 1990, pp. 84-91.

LINZ, J., «The Perils of Presidentialism», *Journal of Democracy,* Vol. 1/1, 1970, pp. 51-69.

LIPSET, S. M.; ROKKAN, S., (Eds.), *Party Systems and Voter Alignments: Cross-National Perspectives*, Free Press, New York, 1967.

LOEWENSTEIN, K., «Militant democracy and fundamental rights, I», *The American Political Science Review*, Vol. 31/3, 1937, pp. 417-432.

LOEWENSTEIN, K., «Militant democracy and fundamental rights, II», *The American Political Science Review*, Vol. 31/4, 1937, pp. 638-658.

LOEWENSTEIN, K., *Political power and the Governmental process*, 2nd ed., The University of Chicago Press, Chicago, 1965 (primera edición de 1957).

LÓPEZ GUERRA, L. *et allii, Derecho constitucional*, 10.ª ed., Vol. I, Tirant, Valencia, 2016.

LOWE, G. F.; BERG, C. E., «The Funding of Public Service Media: A Matter of Value and Values», *International Journal on Media Management*, Vol. 15/2, 2013, pp. 77-97.

LYNCH, R., «Foucault's theory of power», TAYLOR, D. (Ed.), *Michel Foucault*, Acumen, Durham, 2011, pp. 13-26.

LYOTARD, J.-F., *La condition postmoderne: rapport sur le savoir*, Minuit, Paris, 1979.

MACEY, J. R., «Representative democracy», *Harvard Journal of Law and Public Policy*, Vol. 16/1, 1993, pp. 49-54.

MACKEY, A. G., *Masonic parliamentary law: or, Parliamentary law applied to the government of masonic bodies. A guide for the transaction of business in lodges, chapters, councils, and commanderies*, Moss & Company, Philadelphia, 1875.

MADISON, J., «The Same Subject Continued: The Union as a Safeguard Against Domestic Faction and Insurrection», *The Federalist Papers*, núm. 10, 1788 (publicado originalmente por the *New York Packet*, 23 noviembre 1787), disponible en la Biblioteca del Congreso en <https://guides.loc.gov/federalist-papers/full-text>).

MAINWARING, S.; SHUGART, M. S., «Juan Linz, Presidentialism, and Democracy: A Critical Appraisal», *Comparative Politics*, Vol. 29/4, 1997, pp. 449-471.

MALETZ, D. J., «Tocqueville on the Society of Liberties», *The Review of politics*, Vol. 63/3, 2001, pp. 461-484.

MARSH, A.; KAASE, M., «Measuring Political Action», BARNES, S. H.; KAASE, M. (eds), *Political Action: Mass Participation in Five Western Democracies*, Sage, Beverly Hills, 1979, pp. 57-97.

MARSH, A.; KAASE, M., «Political Action: A Theoretical Perspective», BARNES, S. H.; KAASE, M. (eds), *Political Action: Mass Participation in Five Western Democracies*, Sage, Beverly Hills, 1979, pp. 27-56.

MARTÍNEZ IGLESIAS, M. J., «The European Parliament and the Better Law-Making Agenda», GARBEN, S., GOVAERE, I. (Eds.), *The EU Better Regulation Agenda: A Critical Assessment*, Hart Publishing, Oxford, 2018, pp. 107-117.

MERRIAM, C. E., *Political Power*, Collier-Macmillan, New York, 1964 (publicado originalmente en 1934).

MEYER, H. D., «Tocqueville's cultural institutionalism: Reconciling collective culture and methodological individualism», *Journal of Classical Sociology*, Vol. 3/2, 2003, 197-220.

MEZEY, M. L., *Comparative Legislatures*, Duke University Press, Durham, 1979.

MICHELS, R. (Ed.), *Political Parties: A Sociological Study of the Oligarchical Tendencies of Modern Democracy*, Routledge, London, 1999.

MIRAGLIOTTA N.; MANWARING, R.; HOLLOWAY, J., «New old ways of financing the party: exploring the commercial activities of modern political parties», *European Political Science Review*, Vol. 16/1, 2024, pp. 148-165.

MIRAGLIOTTA, N., «Institutional Dynamics and Party Think Tank Development: Britain and Germany Compared», *Commonwealth & Comparative Politics*, Vol. 56/2, 2018, pp. 234-256.

MOE, T. M., «Power and Political Institutions», *Perspectives on Politics*, Vol. 3/2, 2005, pp. 215-233.

MOLIER, G.; RIJPKEMA, B., «Germany's new militant democracy regime: National democratic party II and the German Federal Constitutional Court's "potentiality" criterion for party bans», *European Constitutional Law Review*, Vol. 14/2, 2018, pp. 394-409.

MORALES FABERO, J., «Los conceptos de auctoritas y potestas durante la época moderna», *Bajo Palabra*, núm. 24, 2020, pp. 337-358.

Mossé, C., *Historia de una democracia: Atenas*, Akal, Madrid, 1987 (traducción de la versión francesa de 1981).

Mouffe, Ch., «American liberalism and its critics: Rawls, Taylor, Sandel and Walzer», *Praxis International*, Vol. 8/2, 1988, pp. 193-206.

Mousourakis, G., *Comparative Law and Legal Traditions. Historical and Contemporary Perspectives*, Springer, Dordrecht, 2019.

Mueller, D. C., «Public Choice: A Survey», *Journal of Economic Literature*, Vol. 14/2, 1976, pp. 395-433.

Mullins, W. A., «On the Concept of Ideology in Political Science», *The American Political Science Review*, Vol. 66/2, 1972, pp. 498-510.

Muñoz Machado, S., *Tratado de Derecho administrativo y Derecho público general, Tomo IV. El Ordenamiento jurídico*, 4.ª ed., BOE, Madrid, 2015.

Nassmacher, K-H., *The funding of party competition. Political finance in 25 Democracies*, Nomos, Baden-Baden, 2009.

Neale, J. E., «The Commons' Journals of the Tudor Period: Alexander Prize Essay, 1919», *Transactions of the Royal Historical Society*, Vol. 3, 1920, pp. 136-170.

Neale, J. E., «The Elizabethan Acts of Supremacy and Uniformity», *The English Historical Review*, Vol. 65/256, 1950, pp. 304-332.

Neff, T.; Pickard, V., «Funding Democracy: Public Media and Democratic Health in 33 Countries», *The International Journal of Press/Politics*, Vol. 29/3, pp. 601-627.

Ng, L. H. X.; Carley, K. M., «A global comparison of social media bot and human characteristics», *Nature Scientific Reports*, núm. 10973, Vol. 15, 2025, pp. 1-18.

Noguera Fernández, A., «La teoría del Estado y del poder en Antonio Gramsci: claves para descifrar la dicotomía dominación-liberación», *Nómadas. Critical Journal of Social and Juridical Sciences*, Vol. 29/1, 2011, pp. 1-20.

Noll, M. A., «Tocqueville's America, Beaumont's Slavery, and the United States in 1831-32», *American Political Thought*, Vol. 3/2, 2014, pp. 273-302.

Norton, P., «Parliaments: A framework for analysis», *West European Politics*, Vol. 13/3, 1990, pp. 1-9.

Norton, P., *The Impact of Legislatures. A Quarter-Century of The Journal of Legislative Studies*, Routledge, London, 2020.

OECD, *Better Regulation in Europe: Spain 2010*, Better Regulation in Europe, OECD Publishing, Paris, 2010.

OECD, *Better Regulation Practices across the European Union*, OECD Publishing, Paris, 2022.

Olea Romacho, A.; Redondo del Pozo, M. T., «Régimen jurídico-económico y contable de las dotaciones económicas a los grupos políticos locales», Fernández-Figueroa Guerrero, F. (Coord.), *Diagnóstico de mejoras normativas en la legislación básica de régimen local*, Fundación Democracia y Gobierno Local, Madrid, 2022, pp. 89-133.

Oliver, J. E.; Ha, S. E., «Vote Choice in Suburban Elections», *American Political Science Review*, Vol. 101/3, 2007, pp. 393-408.

Olsen, J. P., *Democratic Accountability, Political Order, and Change,* Oxford University Press, Oxford, 2017.

Ossewaarde, R., «Democratic Threats and Threats to Democracy», Geenens, R.; De Dijn, A. (Eds.), *Reading Tocqueville*, Palgrave Macmillan, London, 2007, pp. 90-111.

OSTROGORSKI, M., *La démocratie et les partis politiques*, Seuil, Paris, 1979.

PALMA ORTIGOSA, A., «*Crowdfunding* y Financiación de Partidos Políticos», *Revista de Derecho Político*, núm. 104, 2019, pp. 229-256.

PANTON, K. J., *Historical Dictionary of the British Monarchy*, Scarecrow Press, Lanhma, 2011.

PARLIAMENTARY ASSEMBLY OF THE COUNCIL OF EUROPE **(PACE),** *Restrictions on political parties in the Council of Europe member states*, Resolución 1308, 18 noviembre 2002, disponible en <https://pace.coe.int/en/files/17063/html>

PARLIAMENTARY ASSEMBLY OF THE COUNCIL OF EUROPE **(PACE),** *State of human rights and democracy in Europe*, Resolution 1547, 8 abril 2007, disponible en <https://pace.coe.int/en/files/17531/html>

PARLIAMENTARY ASSEMBLY OF THE COUNCIL OF EUROPE **(PACE),** *The code of good practice for political parties*, Resolución 1546, 17 abril 2007, disponible en <https://pace.coe.int/en/files/17529/html>

PARSONS, T., «On the Concept of Political Power», *Proceedings of the American Philosophical Society*, Vol. 107/3, 1963, pp. 232-262.

PATTERSON, M.; RENWICK MONROE, K., «Narrative in political science», *Annual review of political science*, Vol. 1/1, 1998, pp. 315-331.

PAUTZ, H., «British Think-Tanks and Their Collaborative and Communicative Networks», *Politics*, Vol. 34/4, 2014, pp. 345-361.

PEERENBOOM, R., «Human rights and rule of law: what's the relationship?», *Georgetown Journal of International Law*, Vol. 36/3, 2005, pp. 809-945.

PENNYCOOK, G.; RAND, D. G., «The Psychology of Fake News», *Trends in Cognitive Sciences*, Vol. 25/5, 2021, pp. 388-402.

Pérez Rivas, N.; Sanjurjo Rivo, V. A., «La financiación privada de los partidos políticos a través de sus fundaciones: ¿una puerta abierta a su financiación indirecta e ilegal?», *Revista General de Derecho Constitucional*, núm. 33, 2020.

Pérez-Moneo Agapito, M., *La selección de candidatos electorales en los partidos*, CEPC, Madrid, 2012.

Péter, R. (Ed.), *British Freemasonry, 1717-1813*, Routledge, London, 2005 (5 vols.).

Petyt, G., *Lex parliamentaria: or, A treatise of the law and custom of the Parliaments of England*, Printed for Tim. Goodwin, London, 1689 (a veces se atribuye esta obra a G. Philips) y disponible en < https://ia800302.us.archive.org/29/items/cihm_10815/cihm_10815.pdf>.

Poguntke, T., «Parties in a Legalistic Culture: The Case of Germany», Katz, R. S.; Mair, P. (Eds.), *How Parties Organize: Change and Adaptation in Party Organizations in Western Democracies*, Sage, London, 1994, pp. 185-215.

Polsby, N. W., «Legislatures», Greenstein, F. I.; Polsby, N. W. (Eds.), *Handbook of Political Science. Vol. 5 'Governmental institutions and processes'*, Addison-Wesley, Reading, 1975, pp. 257-319.

Porras Nadales, A., «Retos del Derecho constitucional: la esfera institucional», *Asuntos Constitucionales*, núm. 0, 2021, pp. 19-30.

Poulantzas, N., *Poder político y clases sociales en el Estado capitalista*, 30.ª ed., Siglo XXI, México 2007 (primera edición en francés 1968).

Pressman, S., «What is wrong with public choice», *Journal of Post Keynesian Economics*, Vol. 27/1, 2004, pp. 3-18.

Pulido Polo, M.; Sánchez González, D. M.; Luque Crespo, L., «The representation of the Spanish Crown in the public sphere through institutional acts», *Communication & Society*, Vol. 34/2, 2021, pp. 315-332.

RAI, S. M., «Analysing Ceremony and Ritual in Parliament», *The Journal of Legislative Studies*, Vol. 16/3, 2010, pp. 284-297.

RAWLS, J., A *Theory of Justice,* Belknap Press, Cambridge, 1971.

RAWLS, J., *Political Liberalism,* Ed. revisada, Columbia University Press, New York, 2005.

RHODES, P. J., «The "Acephalous" Polis?», *Historia: Zeitschrift Für Alte Geschichte,* Vol. 44/2, 1995, pp. 153-167.

RICHARDSON, H. S., WEITHMAN, P. J. (Eds.), *The Philosophy of Rawls,* Garland, New Yorkd, 1999, 5 vols.

RICHTER, M., «Tocqueville and Guizot on democracy: from a type of society to a political regime», *History of European Ideas,* Vol. 30/1, 2004, pp. 61-82.

ROBERT, H. M. *et al., Robert's Rules of Order Newly Revised,* 11th ed., Da Capo Press. Philadelphia, 2011.

ROBERTS, S., «Barriers to entry and implications for competition policy», BONAKELE, T.; FOX, E.; MNCUBE, L., (Eds.), *Competition Policy for the New Era: Insights from the BRICS Countries,* Oxford University Press, Oxford, 2017, pp. 199-218.

RODRÍGUEZ LÓPEZ, A., «El impuesto de partido como vía de financiación pública indirecta en el sistema político», *Actualidad Administrativa,* núm. 11, noviembre 2014, 1200-1206.

RODRÍGUEZ PUERTA, M. J., «Control externo de la actividad económico financiera de los partidos políticos en España: cuestiones a debatir», *Revista General de Derecho Penal,* núm. 28, 2017.

RODRÍGUEZ TERUEL, J.; CASAL BÉRTOA, F., «La financiación pública de los partidos políticos: España en perspectiva comparada», *Presupuesto y Gasto Público,* núm. 82, 2016, pp. 159-178.

ROLLNERT LIERN, G., *La Jefatura del Estado: símbolo e integración política en la constitución vigente*, Minim, Valencia, 2002.

ROS CHERTA, J. M., «Dimensiones de la igualdad en el pensamiento de A. de Tocqueville», *Quaderns de Filosofia i ciència*, núm. 41, 2011, pp. 125-136.

ROSADO VILLAVERDE, C., «A vueltas con la independencia judicial y el órgano de gobierno de los jueces: El genuino caso del Consejo Superior de la magistratura francés», *Estudios de Deusto. Revista de Derecho Público*, Vol. 72/1, 2024, pp. 127-163.

ROSADO VILLAVERDE, C., «Independencia, imparcialidad y neutralidad del Juez Constitucional: Un ensayo de caracterización», RODRÍGUEZ-PATRÓN, P.; DE LA IGLESIA CHAMARRO, A. (Coords.), *La independencia de la Justicia Constitucional a examen*, Thomson-Aranzadi, Madrid, 2025, pp. 73-110.

ROSADO VILLAVERDE, C., «Libertad de expresión en las plataformas intermediarias al amparo de la Jurisprudencia Europea: consideraciones de interés con la Digital Service Act», MORETÓN TOQUERO, M. A.; CETINA PRESUEL, R. (Dirs.), *El Reglamento de Servicios Digitales de la Unión Europea (DSA): nuevo enfoque regulatorio y garantías frente a los desórdenes informativo*, Thomson-Aranzadi, Cizur Menor, 2024, pp. 47-84.

ROSENFELD, M., «The rule of law and the legitimacy of constitutional democracy», *Southern California Law Review*, Vol. 74, 2000, pp. 1307-1351.

ROSTBØLL, C. F., *Deliberative freedom: Deliberative democracy as critical theory*, State University of New York Press, Albany, 2008.

ROUCEK, J. S., «A History of the Concept of Ideology», *Journal of the History of Ideas*, Vol. 5/4, 1944, pp. 479-488.

ROWLEY, C. K. (Ed.), *Public choice theory*, Elgar, Brookfield, 1993 (2 Vols.).

Roy, W. G., «Class Conflict and Social Change in Historical Perspective», *Annual Review of Sociology*, Vol. 10, 1984, pp. 483-506.

Ruiz Miguel, A., «Juramento y compromiso parlamentario», *Revista de las Cortes Generales*, núm. 109, 2020, pp. 125-185.

Ruiz-Rico Ruiz, G., «El control sobre la financiación de los partidos políticos: un desafío permanente para el legislador», *Teoría y realidad constitucional*, núm. 35, 2015, pp. 281-308.

Russell, M.; Cowley, «The Policy Power of the Westminster Parliament: The "Parliamentary State" and the Empirical Evidence», *Governance*, Vol. 29/1, 2016, pp. 121-137.

Russell, M.; Gover, D., Wollter, K., «Does the Executive Dominate the Westminster Legislative Process?: Six Reasons for Doubt», *Parliamentary Affairs*, Vol. 69/2, 2016, pp. 286-308.

Sabine, G. H., *Historia de la teoría política*, 3.ª ed., 6.ª reimpresión, Fondo de Cultura Económica, Madrid, 2002.

Sánchez González, D. M., «El Protocolo Oficial del Estado 40 años después de la aprobación de la Constitución», *Revista de Derecho Político*, núm. 101, 2018, pp. 881-896.

Sansón Carrasco, *¿Hay Derecho? La quiebra del Estado de Derecho y de las instituciones en España,* Península, Barcelona, 2014.

Santaolalla López, F., «Expropiación legislativa de una pensión extraordinaria y leyes de caso único: comentario a la STC 45/2018, de 26 de abril», *Revista General de Derecho Constitucional*, núm. 28, 2018.

Sartori, G., *Parties and Party Systems: A Framework for Analysis*, Cambridge University Press, 1976.

SCUCCIMARRA, L., «Généalogie de la nation: Sieyès comme fondateur de la communauté politique», *Revue française d'histoire des idées politiques*, núm. 33, 2011, pp. 27-45.

SCHUKNECHT, L., *Public spending and the role of the state: history, performance, risk and remedies*, Cambridge University Press, 2020.

SCHUMPETER, J., *Capitalism, Socialism, and Democracy*, Harper & Brothers, New York, 1942.

SCHWALBACH, J., «Going in circles? The influence of the electoral cycle on the party behaviour in parliament», *European Political Science Review*, Vol. 14/1, 2022, pp. 36-55.

SEIJAS VILLADANGOS, E., «The Decreta of Leon (Spain) of 1188 as the Birthplace of Parliamentarism: An Historical Review from a Time of Crisis», *UCD Working Papers in Law, Criminology & Socio-Legal Studies*, Research Paper No. 08/2015, disponible en <http://dx.doi.org/10.2139/ssrn.2627069>

SERRA CRISTOBAL, R., «Noticias falsas (fake news) y derecho a recibir información veraz. Dónde se fundamenta la posibilidad de controlar la desinformación y cómo hacerlo», *Revista de Derecho Político*, núm. 116), pp. 13-46.

SHAO, C.; CIAMPAGLIA, G. L.; VAROL, O.; YANG, K. C.; FLAMMINI, A., MENCZER, F., «The spread of low-credibility content by social bots», *Nature Communications*, núm. 4787, Vol. 9, 2018, pp. 1-9.

SHAPIRO, D., *Is the welfare state justified?*, Cambridge University Press, Cambridge, 2007.

SHENHAV, S. R., «Political Narratives and Political Reality», *International Political Science Review*, Vol. 27/3, 2006, pp. 245-262.

SHU, K.; SLIVA, A.; WANG, S.; TANG, J.; LIU, H., «Fake News Detection on Social Media: A Data Mining Perspective», *ACM SIGKDD Explorations Newsletter*, Vol. 19/1, 2017, pp. 22-36.

SIAROFF, A., «Comparative presidencies: The inadequacy of the presidential, semi-presidential and parliamentary distinction», *European Journal of Political Research*, Vol. 42/3, 2003, pp. 287-312.

SICKELS, D.; GOULD, J. L.; SHEVILLE, J. W.; SIMONS, J., CHASE, JACKSON H., *Rituals of freemasonry: comprising the degrees of Entered apprentice, Fellow craft, and Master mason, in the lodge, Masonic publishing company*, New York, 1870.

SLATER, S., *The illustrated book of heraldry: An international history of heraldry and its contemporary uses*, Anness Publishing, Milton Park, 2018.

SMITH, J. K. A., *Who's Afraid of Postmodernism?(The Church and Postmodern Culture): Taking Derrida, Lyotard, and Foucault to Church*, Baker Academic, Grand Rapids, 2006.

SMITH, T., *De Republica Anglorum: The Maner of Government or Policie of the Realme of England*, Henrie Midleton, London, 1583 (facsímil disponible parcialmente en <https://archive.org/details/nby_684869> y editado posteriormente por L. ALSTON y publicado en 1906 por Cambridge University Press).

SMITH, W., *Flags through the ages and across the world*, McGraw-Hill, Maidenhead, 1980.

SOMIN, I., *Free to move: Foot voting, migration, and political freedom*, Oxford University Press, Oxford, 2020.

SOMMERER, E., «Le contractualisme révolutionnaire de Sieyès: formation de la nation et prédétermination du pouvoir constituant», *Revue française d'histoire des idées politiques*, núm. 33, 2011, pp. 5-25.

SPURLIN, P. M., *Montesquieu in America, 1760-1801*, Louisiana State University, Baton Rouge, 1940.

STEINER, H. J., «Political participation as a human right», *Harvard Human Rights Yearbook*, Vol. 1, 1988, pp. 77-134.

STRACHEY, J. (Ed.), *Rotuli parliamentorum: ut et petitiones, et placita in parliamento*, British Parliament, London, 1767-1777 (6 vols.).

STRÖMBÄCK, J., «News seekers, news avoiders, and the mobilizing effects of election campaigns: Comparing election campaigns for the national and the European parliaments», *International Journal of Communication*, Vol. 11, 2017, pp. 237-258.

TAJADURA TEJADA, J., *Sieyès y la lengua de la Constitución*, Athenaica, Sevilla, 2023.

TANDOC JR, E. C., LIM; WEI LING, Z.; LING, R., «Defining "fake news". A typology of scholarly definitions», *Digital journalism*, Vol. 6/2, 2017, pp. 137-153.

TETLEY, W., «Mixed jurisdictions: Common Law v. Civil Law (codified and uncodified)», *Louisiana Law Review,* Vol. 60, 2000, pp. 677-738.

TORRES DEL MORAL, A., *Principios de Derecho constitucional español*, 6 ed., Vol. I, Ed. Universidad Complutense de Madrid, 2010.

TOUBEAU, S.; VAMPA. D., «Adjusting to austerity: the public spending responses of regional governments to the budget constraint in Spain and Italy», *Journal of Public Policy*, Vol. 41/3, 2021, pp. 462-488.

TRIBUNAL DE CUENTAS, *Informe núm. 1533, de la fiscalización de las aportaciones percibidas por las fundaciones y demás entidades vinculadas o dependientes de los partidos políticos y de los gastos de programas y actividades de estas financiados con cargo a subvenciones públicas, ejercicio 2020*, de 28 de septiembre de 2023, *Boletín Oficial del Estado*, núm. 308, de 23 de diciembre de 2024, pp. 178179-178280.

TRIBUNAL DE CUENTAS, *Informe núm. 1573, de fiscalización de las cuentas anuales de los partidos políticos, ejercicio 2020*, de 22 de octubre de 2024, *Boletín Oficial del Estado*, núm. 312, de 27 de diciembre de 2024, pp. 181817-182239.

TULLOCK, G. *Towards a Mathematics of Politics*, Ann Arbor Paperbacks, University of Michigan, 1967; TULLOCK, G., «A Simple Algebraic Logrolling Model», *The American Economic Review*, Vol. 60/3, 1970, pp. 419-426.

TULLOCK, G., «Entry Barriers in Politics», *The American Economic Review*, Vol. 55/1-2, 1965, pp. 458-466.

TURNER, J. C., «Explaining the nature of power: A three-process theory», *European Journal of Social Psychology*, Vol. 35, 2005, pp. 1-22.

TYRSENKO, A., «L'ordre politique chez Sieyès en l'an III», *Annales historiques de la Révolution française*, n. 319 (janvier-mars), 2000, pp. 27-45.

TYULKINA, S., *Militant Democracy: Political Parties and Beyond*, Routledge, New York, 2015.

URBINATI, N., «Political Theory of Populism», *Annual Review of Political Science*, Vol. 22, 2019, pp. 111-127.

URBINATI, N., *Representative democracy: principles and genealogy*, University of Chicago Press, Chicago, 2006.

VALLÈS, J. M.; MARTÍ PUIG, S., *Ciencia política: una introducción*, 6.ª ed., Ariel, Barcelona, 2007.

VAN BIEZEN, I., «Political Parties as Public Utilities», *Party Politics*, Vol. 10/6, 2004, pp. 701-722.

VAN EST, R., «Thinking parliamentary technology assessment politically: Exploring the link between democratic policy making and parliamentary TA», *Technological Forecasting and Social Change*, Vol. 139, 2019, pp. 48-56.

VAN SANTEN, R.; HELFER, L.; VAN AELST, P., «When politics becomes news: An analysis of parliamentary questions and press coverage in three West European countries», *Acta Politica*, Vol. 50, 2015, pp. 45-63.

VANDE WALLE, B.; DE LANGE, S. L., «Understanding the Political Party Think Tank Landscape: A Categorization of Their Functions and Audiences», *Government and Opposition*, Vo. 60/1, 2025, pp. 104-124.

VANDELLI, L., *Psicopatologia delle riforme quotidiane. Le turbe delle istituzioni: sintomi, diagnosi e terapie*, Il Mulino, Roma, 2006 (publicado en español como **VANDELLI, L.**, *Trastornos de las instituciones políticas*, EditorialTrotta-Fundación Alfonso Martín Escudero, Madrid, 2007, prólogo de **F. SOSA WAGNER**).

VÁZQUEZ ALONSO, V. J. (Coord.), *Los jueces y la independencia judicial en el Estado de Derecho*, Tirant México, Ciudad de México, 2025.

VEDEL, G., *Manuel élémentaire de Droit Constitutionnel*, Sirey, Paris, 1949.

VELASCO CRIADO, D., «Alexis de Tocqueville y su vigencia hoy», *Pensamiento. Revista de investigación e Información filosófica*, núm. 272 (extraordinario), 2016, pp. 481-504.

VENICE COMMISSION, *Código de buenas prácticas en el ámbito de los partidos políticos adoptado por la Comisión de Venecia en su 77.ª Sesión Plenaria (Venecia, 12-13 de diciembre de 2008) e informe aclaratorio adoptado por la Comisión de Venecia en su 78.ª Sesión Plenaria (Venecia, 13-14 de marzo de 2009)*, CDL-AD(2009)021, Council of Europe, Strasbourg, 2009.

VENICE COMMISSION, *Guidelines on Political Party Regulation*, 2nd ed., Council of Europe/OSCE/ODIHR, Strasbourg, 2020, CDL-AD(2020)032, disponible en <https://www.venice.coe.int/webforms/documents/?pdf=CDL-AD(2020)032-e>

VENICE COMMISSION, *Opinion on the draft law on amendments to the law on political parties of the Republic of Azerbaijan adopted by the Venice Commission at its 89th Plenary Session*, CDL-AD(2011)046-e, 16-17 diciembre 2011.

VENICE COMMISSION, *Report on democracy, limitation of mandates and incompatibility of political functions*, Study No. 646/2011, CDL-AD(2012)027, Strasbourg, 17 december 2012.

VERBA, S.; SCHLOZMAN, K. L.; BRADY, H., *Voice and Equality: Civic Voluntarism in American Politics*, Harvard University Press, Cambridge, 1995.

VON IHERING, R., *Jurisprudencia en broma y en serio*, Reus Madrid, 2015 (reedición al español de la traducción de la tercera edición del original en alemán publicado en 1884 como *Scherz und Ernst in der Jurisprudenz: eine Weihnachtsgabe für das juristische Publikum*, Bretkopf und Härtel, Leipzig, 1885, y editado en España como *Bromas y veras en la Ciencia Jurídica: un presente navideño para los lectores de obras jurídicas*, Ed. Revista de Derecho Privado, 1933).

VOSOUGHI, S.; ROY, D.; ARAL, S., «The spread of true and false news online», *Science*, Vol. 359, 2018, pp. 1146-1151.

VOSSIUS, G., *Etymologicon linguae Latinae. Praefigitur ejusdem De litterarum permutatione tractatus*, ex Regia Typographia, Nápoles, 1762, disponible en <https://archive.org/details/bub_gb_igWSAILghFIC>

WALTER, C., «Interactions between International and National Norms: Towards an Internationalized Concept of Militant Democracy», ELLIAN, A., RIJPKEMA, B. (Eds.), *Militant Democracy*, Springer, Dordrecht, 2018, pp. 79-95.

WALLACE, W. L., «Faculty and Fraternities: Organizational Influences on Student Achievement», *Administrative Science Quarterly*, Vol. 11/4, 1967, pp. 643-670.

WEBER, M., *Economía y Sociedad*, Fondo de Cultura Económica, Madrid, 2002 (primera edición en alemán, 1922).

WEISBERGER, R. W., *Speculative Freemasonry and the Enligh-tenment: A Study of the Craft in London, Paris, Prague, Vienna and Philadelphia*, 2nd ed., McFarland, Jeffer-son (North Carolina), 2017.

WEISSBERG, R., «Political Efficacy and Political Illusion», *The Journal of Politics*, Vol. 37/2, 1975, pp. 469-487.

WIERDSMA, A. I., «The meaning of a state ceremony», *Nether-lands Journal of Sociology*, Vol. 23, 1987, pp. 31-44.

WILLIAMSON, P., «The Monarcy and public values 1900-1953», OLECHNOWICZ, A. (Ed.), *The Monarchy and the British Na-tion, 1780 to the Present*, Cambridge University Press, 2007, pp. 223-257.

WINTHROP, D., «Tocqueville on federalism», *Publius: The Jour-nal of Federalism*, Vol. 6/3, 1976, pp. 93-115.

WOLDRING, H. E., «State and civil society in the political philo-sophy of Alexis de Tocqueville», *Voluntas: International Journal of Voluntary and Nonprofit Organizations*, Vol. 9, 1998, pp. 363-373.

WRIGHT, T., *The Celt, the Roman, and the Saxon: a history of the early inhabitants of Britain, down to the conversion of the Anglo-Saxons to Christianity, illustrated by the ancient remains brought to light by recent research*, A. Hall, Virtue & co., London, 1852.

XIFRA, J., *Los think tanks*, Editorial UOC, Barcelona, 2016.

YAN, H.Y.; YANG, K. C.; SHANAHAN, J.; MENCZER, F., «Exposure to social bots amplifies perceptual biases and regulation propensity», *Nature Scientific Reports*, núm. 20707, Vol. 13, 2023, pp. 1-10.

YOUNG, I. M., «Activist Challenges to Deliberative Democra-cy», *Political Theory*, Vol. 29/5, 2001, pp. 670-690.

ZAKIM, M., «Individualism in America: Alexis de Tocqueville Discovers a New World of Liberal Politics», *Critical His-torical Studies*, Vol. 10/1, 2023, pp. 73-107.

ZNAMIEROWSKI, A., *The World Encyclopedia of Flags. The definitive guide to international flags, banners, standards and ensigns*, Hermes House, London, 2001.

ZOVATTO GARETTO, D., «Las instituciones de democracia directa», NOHLEN, D. (*et al.*) (Comps.), *Tratado de Derecho electoral comparado de América Latina*, 2.ª edición, Fondo de Cultura Económica, México, 2007, pp. 134-161 (también publicado como ZOVATTO GARETTO, D., «Las instituciones de la democracia directa», *Revista de Derecho Electoral,* núm. 20, 2015, pp. 34-75).